SECOND VOYAGE

DANS

L'INTÉRIEUR DE L'AFRIQUE.

ON TROUVE CHEZ LES MÊMES LIBRAIRES :

JOURNAL D'UN VOYAGE A TOMBOCTOU ET DANS L'INTÉRIEUR DE L'AFRIQUE, fait pendant les années 1824, 1825, 1827 et 1828; précédé d'observations sur les Maures Braknas; par René Caillié; accompagné de notes et de remarques géographiques, par M. Jomard. 2 vol. in-8° et atlas.....................................

VOYAGES ET DÉCOUVERTES DANS LE NORD ET DANS LES PARTIES CENTRALES DE L'AFRIQUE, au travers du grand désert, jusqu'au 10ᵉ degré de latitude nord, et depuis Kouka, dans le Bornou, jusqu'à Sackatou, exécutés, pendant les années 1822, 1823 et 1824, par le major Denham, le capitaine Clapperton, et feu le docteur Oudney; suivis d'un appendice contenant les vocabulaires des langues de Tombouctou, de Mandara, du Bornou et du Begharmi; traduit de l'anglais par MM. Eyriès et de La Renaudière; 3 vol. in-8°, avec atlas grand in-4°, composé de 5 cartes, dont la carte générale de l'expédition, de vues, de figures, costumes, meubles, instruments, armes, etc., des peuples de l'intérieur de l'Afrique....... 33 fr.

HISTOIRE COMPLÈTE DES DÉCOUVERTES ET VOYAGES faits en Afrique, depuis les siècles les plus reculés jusqu'à nos jours, accompagnée d'un Précis géographique sur ce continent et les îles qui l'environnent, de notices étendues sur l'état physique, moral et politique des divers peuples qui l'habitent; par Leyden et Murrey; traduit de l'anglais par M. Cuvillier; 4 vol. in-8°, avec un atlas de cartes géographiques....................................... 30 fr.

RECHERCHES GÉOGRAPHIQUES sur l'intérieur de l'Afrique septentrionale, comprenant l'histoire des voyages entrepris ou exécutés jusqu'à ce jour pour pénétrer dans l'intérieur du Soudan, l'exposition des systèmes géographiques formés sur cette contrée, l'analyse des divers itinéraires arabes pour déterminer la position de Tombouctou, etc., suivis d'un appendice traduit par M. le baron Silvestre de Sacy et M. Delaporte; par M. Walkenaer, de l'Institut; 1 fort vol. in-8°, avec une carte....................... 9 fr.

VOYAGE DANS L'INTÉRIEUR DE L'AFRIQUE, aux sources du Sénégal et de la Gambie, fait par ordre du gouvernement français, par M. Mollien, 2ᵉ édition; 2 vol. in-8°, avec carte et figures. 14 fr.

VOYAGE DANS LA RÉPUBLIQUE DE COLOMBIA, par M. Mollien, 2 vol. in-8°, accompagnés de la carte de Colombia, et ornés de vues et divers costumes; 2ᵉ édition................... 14 fr.

VOYAGE DANS L'EMPIRE DES BIRMANS, par Hiram Cox, traduit de l'anglais, et augmenté de notes par M. Chaalons d'Argé; 2 vol. in-8°, ornés de costumes et figures, et d'une carte représentant la guerre actuelle de ces peuples contre les Anglais. Prix...... 14 fr.

SECOND VOYAGE

DANS L'INTÉRIEUR

DE L'AFRIQUE,

DEPUIS LE GOLFE DE BENIN JUSQU'A SACKATOU;

PAR LE CAPITAINE CLAPPERTON;

PENDANT LES ANNÉES 1825, 1826 ET 1827.

SUIVI

DU VOYAGE DE RICHARD LANDER,

DE KANO A LA CÔTE MARITIME;

TRADUITS DE L'ANGLAIS

PAR MM. EYRIÈS ET DE LA RENAUDIÈRE,

MEMBRES DE LA COMMISSION CENTRALE DE LA SOCIÉTÉ DE GÉOGRAPHIE.

OUVRAGE ORNÉ DU PORTRAIT DE CLAPPERTON ET ENRICHI DE DEUX CARTES GÉOGRAPHIQUES, GRAVÉES PAR A. TARDIEU.

TOME II.

PARIS.

ARTHUS BERTRAND, LIBRAIRE,

ÉDITEUR DU VOYAGE AUTOUR DU MONDE, PAR LE CAPIT. DUPERREY,

RUE HAUTEFEUILLE, N° 23.

MONGIE AÎNÉ, LIBRAIRE, BOULEVARD DES ITALIENS.

1829.

IMPRIMERIE DE FIRMIN DIDOT.
RUE JACOB, N° 24.

Cours du Kouarra, tel qu'il fut tracé par le Maître d'École du Sultan Bello.

SECOND VOYAGE
DANS
L'INTÉRIEUR DE L'AFRIQUE.

CHAPITRE V.

Voyage de Kano au camp de Bello, et de là à Sackatou.

EN entrant dans Kano, j'allai directement à la maison de Hadji Hat Salah Bayout, qui avait été mon agent dans mon précédent voyage; mais je m'aperçus bientôt que lui et les Arabes qui se trouvaient dans sa maison, auraient mieux aimé que je fusse venu par l'est. Ils étaient tout-à-fait découragés par la guerre avec le Bornou, qui, depuis quelque temps, avait interrompu toutes leurs communications avec le Fezzan et Tripoli. La caravane destinée pour ces pays était partie, vingt jours auparavant, de Kano pour Cachenah, afin d'essayer si elle pourrait réussir à passer par le désert des Touarik. Cela m'avait privé de l'occasion d'expédier en Angleterre mes journaux et mes lettres ; mais ç'aurait été une voie très-hasardeuse, parce que la caravane devait traverser la ville où résidait le fils du précédent sultan de Cachenah, qui est en révolte contre les Fellatah ; de plus, les Touarik n'en ont laissé passer aucune, depuis plusieurs années, excepté celle des marchands de Ghadamès ; et ils exigent d'eux une contribution.

Hadji Hat Salah Bayout est l'homme le plus riche de Kano ; c'est un Arabe de la tribu des Madjabra, qui habitent le pays à l'est d'Audjelah, tout près de cette ville ; de même que ses habitants, ils sont grands commerçants. Auparavant, Hadji Hat Salah était l'agent et le marchand des gouverneurs héréditaires du Fezzan ; il fut la cause de leur déposition et de leur expulsion par le pacha de Tripoli. Celui-ci aurait laissé le gouvernement dans la famille, si elle n'avait pas empêché les Tripolitains et les autres habitants de la côte maritime de commercer dans l'intérieur. Elle s'opposa même, autant qu'elle put, à ce que le pacha envoyât

Mohamed el Mekni avec des présents et une lettre au roi de l'Ouadey; elle poussa enfin les choses au point de travailler à exciter les chefs des tribus des Tibbous à se défaire de cet ambassadeur et de sa suite, leur offrant une récompense en cas de succès. En conséquence, Mekni et son monde furent attaqués à leur retour; mais par leur bravoure, ils battirent les Tibbous dans toutes les attaques. Les Morzouki voyant qu'ils ne pouvaient les faire périr de cette manière, corrompirent leurs guides qui les égarèrent dans le désert, où tous leurs esclaves et la plupart de leurs chameaux moururent; Mekni parvint enfin à Tripoli, avec le reste des marchands qui étaient presque entièrement ruinés.

Quelques années après le pacha expédia une autre ambassade, dirigée également par Mekni, avec des présents pour le sultan du Bornou : un grand nombre de marchands de la côte maritime se joignirent encore à Mekni. Le gouverneur ou sultan du Fezzan n'essaya pas cette fois d'empêcher Mekni à force ouverte de traverser Morzouk, mais il envoya des émissaires aux chefs des Tibbous, et Hadji Salah au Bornou, pour prévenir le sultan contre

Mekni; ces manœuvres furent inutiles. Quelques chefs des Tibbous avaient fait amitié avec Mekni, ils lui remirent les lettres que le sultan du Fezzan leur avait écrites. Le sultan du Bornou, très-satisfait des présents du pacha, encouragea par tous les moyens possibles les Tripolitains à venir dans l'intérieur pour commercer, et lui envoya en retour des esclaves, de l'ivoire, etc. Mekni lui avait amené, de la part du pacha, deux petites pièces de campagne; ce sont celles que le cheikh a actuellement en sa possession. Cependant les Fellatah s'emparèrent de la capitale du Bornou, et tous les présents furent perdus. Malgré cela, quand Mekni retournait à Tripoli les mains vides, il fut suivi par Hadji Salah, qui fit tout ce qu'il put pour empêcher les Ouadeyni de lui vendre les vivres qui lui étaient nécessaires pour nourrir son monde pendant la traversée du désert. Il fit d'abord attaquer la caravane de Tripoli par les Kanemi; les gens de la caravane du Fezzan ne lui rendirent aucun secours; ils campaient toujours à une portée de fusil de distance de l'endroit où elle s'arrêtait. Ensuite les Tripolitains furent assaillis dans le pays des Tibbous, et la caravane du Fezzan aida ceux-ci. Néanmoins Mekni vainquit encore tous ses ennemis et arriva devant Morzouk. Mais on lui ferma les portes de cette ville, et il fut défendu à tout habitant, sous peine de mort, de vendre aucune provision aux Tripolitains, ou d'avoir avec eux la moindre communication. Nonobstant ces ordres, ils furent approvisionnés par leurs amis de l'intérieur de la ville, notamment par le cadi; ceux-ci envoyaient les vivres par des ânes, et disaient qu'ils étaient chargés d'engrais. Ce ne fut néanmoins qu'au bout de huit mois, que le pacha accorda une armée à Mekni pour déposer le gouverneur du Fezzan.

Samedi 20. Ce matin toute la ville a été livrée aux plus vives alarmes : on a trouvé un marchand de Ghadamès étranglé dans son lit. On soupçonne de ce meurtre ses femmes esclaves, parce que deux ou trois événements semblables étaient déja arrivés. Le gouverneur envoya chez Hadji Salah, comme chef des Arabes, pour savoir ce qu'il convenait de faire dans cette occasion; s'il fallait vendre les esclaves hors du pays, ou si elles devaient être punies de mort. On avait coutume, dans des cas semblables, d'envoyer les auteurs de crimes de ce genre à la côte maritime, pour y être vendus aux marchands d'esclaves. Hadji Salah et les principaux Arabes vinrent chez moi avant d'aller chez le gouverneur, pour me demander mon avis dans cette circonstance, et apprendre ce que l'on ferait en Angleterre si pareille chose y arrivait. Je leur répondis que toutes les esclaves seraient enfermées séparément, et examinées avec beaucoup de rigueur; que si le fait était prouvé, toutes celles qui y auraient pris part seraient pendues, et que pas une n'échapperait. Ils convinrent que c'était la bonne manière, et que pas un homme ne serait en sûreté à Kano, si on laissait ces femmes impunies. Je saisis cette occasion de m'informer du nombre des esclaves dans cette ville, relativement à celui des hommes libres; ils me dirent qu'il y avait à peu près trente esclaves pour un homme libre. Alors je leur fis observer qu'ils feraient bien d'user d'une grande vigilance, parce que si les esclaves connaissaient jamais leurs forces, ils ne tarderaient pas à prendre la place de leurs maîtres. Je leur racontai comment ceux de Saint-Domingue avaient acquis leur liberté, et je leur citai l'exemple des esclaves de l'Yourriba qui avaient tué leurs maîtres, et maintenant y formaient un peuple libre.

Lundi 21. Je rendis visite au gouverneur, qui fut très-poli et parla beaucoup. Il me dit que le gadado allait venir à Kano; mais que si je souhaitais de partir avant son arrivée, j'aurais un chameau pour transporter le présent de Bello, de plus deux hommes et un messager : il ajouta que dans ce moment il était très-désagréable de voyager, parce que chaque jour et chaque nuit les hommes envoyés à la dernière expédition, contre Donna, avaient été exposés à des pluies très-fortes, et que la plupart des hommes et des animaux avaient été épuisés de fatigues. Je répondis que j'étais tout prêt à partir, et que s'il n'élevait pas d'objections, je me mettrais en route le surlendemain. Il répliqua que c'était bon, et envoya chercher un messager auquel il recommanda expressément de veiller à ce que je fusse bien traité, bien logé, et remis sain et sauf entre les mains du gadado.

Je trouvai deux des tubes de mon baromètre cassés dans la caisse, par la transition subite de la chaleur au froid dans un tornado.

Mardi 22. Je m'aperçus que j'avais fait une

méprise dans mon compte du mois de mai, auquel je n'avais donné que trente jours, au lieu de trente-un.

Mercredi 23. Pluie et éclairs pendant toute la journée, de sorte que je ne pus partir dans l'après-midi. J'allai prendre congé du gouverneur.

Jeudi 24. Il avait plu toute la nuit; à neuf heures du matin, je fis charger les chameaux, et je dis adieu à mes domestiques, dont je me séparais avec beaucoup de regret dans un pays où ils étaient entièrement étrangers. Richard était encore malade de la dyssenterie. Je lui laissai des instructions sur la conduite qu'il devait tenir dans le cas de ma mort; je recommandai fortement à Hadji Salah de lui donner ainsi qu'à Pascoe toute l'assistance qu'il m'avait procurée à moi-même, l'assurant qu'il serait bien payé par le consul d'Angleterre à Tripoli. Je lui dis également de compter mille cauris à Richard pour entretenir ma maison et mon cheval; ma pauvre petite jument de Boussa était morte peu de jours auparavant. J'avais été obligé de tirer une lettre de change de cinq cents piastres en faveur de Hamada Ben Medoun; et j'avais été contraint de prendre pour cette somme un cheval pour plus du double de son prix véritable, et des cauris au taux de 1,500 par piastre, ce qui n'est que la moitié de la valeur de celle-ci; tel est l'usage du pays. Je laissai cet argent dans les mains de Hadji Salah, pour l'usage de mes domestiques; il se montait à 250,000 cauris, qui ne faisaient pas cent piastres, le cheval ayant coûté 500,000 cauris. J'éprouvais d'autant plus de chagrin de quitter mes domestiques que ma santé était mauvaise.

Je fus accompagné jusqu'à la porte des chevaux (*coffin dalkié*), par Hadji Salah, Schérif Aly, négociant de Tunis, Hamada Ben Medoun, et les principaux Arabes, parce qu'ils pensaient que j'allais conclure la paix entre Bello et le cheikh du Bornou.

Au-delà de Kano, je trouvai le pays bien cultivé de chaque côté en maïs, millet, dourrah, patates, indigo et coton; mais la route très-désagréable, tous les enfoncements étaient remplis d'eau. A onze heures quarante minutes j'arrivai à une rivière qui, dans cette saison, avait un quart de mille de largeur; à midi et demi, mes gens et les bêtes de somme la traversèrent; je fus mouillé jusqu'à l'endroit où j'étais assis sur la selle, deux ou trois fois le cheval nagea. A quatre heures, je m'arrêtai à Toffa, ville murée, dont les murs, depuis la mort de Duntungwa, gouverneur rebelle de Dumborta, sont négligés et tombent en ruine; à moins qu'on ne les répare bientôt, la ville n'aura plus de murailles. On me donna une maison, et j'eus même du lait et du poudding, qui ne ressemblait pas à ceux qu'on fait en Angleterre; c'était de la farine de maïs cuite dans un pot de terre, et remuée avec un grand bâton, sans sel ni graisse; quand elle est suffisamment épaissie, on la sépare en morceaux de deux livres chacun, et on la mange avec du lait si l'on peut s'en procurer, sinon avec une sauce faite des feuilles sèches d'une plante et d'un peu de beurre. C'est le fond du second repas dans tout le pays compris entre le Kouarra et le Bornou, et dans cette dernière contrée aussi, quand on a du millet.

Maintenant on cueille l'indigo, que l'on coupe à peu près à deux ou trois pouces au-dessus de terre; on apporte la plante à la maison, on ôte les feuilles que l'on place en un tas circulaire, et on les laisse fermenter jusqu'à la fin des pluies : alors on les bat dans des auges ou mortiers de bois, et on attend qu'elles soient sèches. Dans d'autres endroits on bat les feuilles dès que la plante a été coupée, et on ne les retire des auges que lorsqu'elles sont sèches. Ce dont on ne fait pas usage est porté au marché de Kano.

Les maisons sont peu nombreuses à Toffa, tous les emplacements vides sont cultivés en millet et en dourrah. La population ne s'élève pas à plus de 2,000 ames. Pendant la nuit nous avons eu du tonnerre, des éclairs et de la pluie.

Vendredi 25. Temps beau et clair dans la matinée. Je donnai au chef dix noix de gouro et dix à mon hôte; je partis à sept heures dix minutes. Le pays n'était cultivé que partiellement; je vis plusieurs grands troupeaux de très-beau bétail, appartenant aux Fellatah; les bergers l'appellent en criant *ah hé hay*, d'un ton doux mais aigu; aussitôt tous les animaux suivent le pâtre en mugissant. A dix heures je passai à Kiawa, et à midi à Gagai, autre ville murée. Autour de cette dernière, le pays était bien cultivé. Auparavant, quand Duntungwa vivait encore, les habitants de ces villes n'osaient pas sortir de leurs murs ; depuis sa mort, et la soumission de son fils à Bello, c'est à qui cultivera le plus de terre.

A deux heures après-midi, je m'arrêtai à Gongodi, ville murée ; on m'y donna une maison. Les murailles de cette ville tombent également en ruines ; tous les emplacements où il n'y a pas de bâtisses sont cultivés en millet et en dourrah. Un marché abondamment garni se tenait en dehors de la ville. Tout près de la maison où je demeurais, s'élevait un arbre touffu qui servait de retraite à des oiseaux un peu plus gros que nos moineaux, avec la tête d'un noir de jais, le cou d'un jaune brillant, la poitrine, le ventre, le dessous des ailes et le dos d'un vert sombre ; ils gazouillaient comme des moineaux ; des centaines construisaient leurs nids sur cet arbre et sur d'autres ; ils les placent à l'extrémité des branches ou des rameaux et y entrelacent les feuilles ; ils les font avec de l'herbe ; l'entrée se trouve à l'extrémité inférieure ; le mâle et la femelle y travaillent ; celle-ci pond six à sept œufs. Ces oiseaux sont fort occupés dans cette saison, ils ne cessent de gazouiller en voltigeant au-dessous de leurs nids et autour des arbres.

Samedi 26. Hier au soir j'eus une longue et forte attaque de fièvre intermittente; elle dura jusqu'au point du jour. Dans la matinée, il plut, il tonna, il fit des éclairs, cela continua jusqu'à près de midi; alors le temps s'éclaircit. Je fis charger les chameaux, et je donnai au chef de la ville vingt-sept noix de gouro, parce qu'il m'avait envoyé un jeune mouton, beaucoup de lait, enfin du grain pour mon cheval.

Le chemin sinueux traversait des champs de millet, de dourrah, de coton et d'indigo, dispersés çà et là dans les bois; le sol était argileux, mêlé de sable; on voyait seulement des fragments de rochers, de minerai de fer argileux, et de grands blocs de granit. L'eau qui dégouttait des feuilles des arbres nous mouilla complètement, et une fois j'eus presque l'œil crevé par une branche d'arbre, pendant que je regardais ma boussole; mon visage fut cruellement déchiré. A deux heures après midi, la pluie commença de tomber; comme je me trouvais tout près de Koki, je m'arrêtai dans cette ville; ses murs aussi tombent en ruine; mais j'ai vu avec plaisir, qu'à mesure qu'ils se sont dégradés, les maisons paraissent avoir augmenté en nombre. On me donna une maison aussi bonne qu'il fût possible, et on me fournit des provisions en abondance.

Dimanche 27. Matinée claire, quelques légers nuages parcourant l'atmosphère. A six heures et demie, je me mis en route, après avoir donné au chef de Koki trente noix de gouro, en récompense de la quantité de lait que j'avais eue, et du millet que l'on avait fourni à mon cheval et à mon chameau. Le chemin était extrêmement humide, presque à chaque pas plein d'eau jusqu'à mi-jambe, et de plus très-glissant. Comme on ne distinguait pas les tertres des fourmis qui s'étaient affaissés, les chameaux y enfoncèrent plusieurs fois jusqu'au ventre; alors il fallait leur ôter leur charge. Je marchais constamment derrière ces animaux, tant pour ma sûreté et celle de mon cheval, que pour aider et encourager, quand c'était nécessaire, mes domestiques qui souffraient beaucoup, étant obligés d'aller à pied tout le long du chemin à côté des chameaux. Graces à Dieu, aucun d'eux ne tomba malade, ni ne laissa échapper la moindre plainte. J'envoyai en avant le messager de Kano, parce que j'avais appris que le gadado, qui était en marche pour cette ville, ne se trouvait qu'à une ou deux journées de distance de moi ; je le fis prier de vouloir bien retenir, jusqu'à mon arrivée, le gouverneur d'Adamowa, qui n'était parti de Kano, avec sa suite, que peu de jours avant moi, puisque dans le cas où je le rejoindrais je ne serais pas obligé d'attendre à Torri une escorte pour traverser les bois de Gondamie.

A onze heures et demie, je passai à Duncamie : au-delà de cette ville, les chemins devinrent pires que je ne les avais encore vus, ou plutôt il n'y avait réellement pas du tout de chemin. Partout la surface de la terre offrait un marécage ; les hommes avaient quelquefois de l'eau jusqu'à la ceinture pendant une demi-heure ; on voyageait entre des champs de millet et de dourrah. A cinq heures et demie, la pluie, le tonnerre, les éclairs commencèrent. Mes domestiques se déshabillèrent complètement et placèrent leurs chemises sous les peaux qui couvraient le bagage, afin qu'elles se maintinssent sèches jusqu'au moment où ils feraient halte. Je fus mouillé jusqu'aux os, toutefois je ressentais une soif brûlante, parfois j'avais à peine la force de me tenir à cheval ; enfin un vomissement me soulagea. J'aurais bien voulu me coucher, n'importe où, mais il n'y avait pas le plus petit espace qui ne fût couvert d'eau. Tel fut l'état dans lequel nous restâmes tous, hommes et bêtes, jusqu'à six heures et demie du soir, moment de notre arrivée à Djaza, ville de la province de Cachenah. Je m'y étendis près du feu, dans la maison du chef; je n'avais pu descendre de cheval sans être aidé.

Jamais mon humeur n'est ni douce, ni patiente; et quand la fièvre commence à me tourmenter, elle est un peu pire. Aussi le chef ayant élevé un grand nombre de difficultés, je l'envoyai promener, dans les termes les plus énergiques de la langue de Cachenah que je connusse; ce fut peine perdue. Ces malotrus de Cachenah sont grossiers, quoiqu'ils se vantent d'être les plus polis et les meilleurs du Haoussa, et traitent tous les autres d'infidèles. Celui-ci, pour faire la paix, me laissa en possession de la maison, et ordonna à ses domestiques de donner à manger à mes gens, à mon cheval et à mes chameaux. Pendant la nuit je souffris cruellement de la fièvre et de la crampe.

Lundi 28. Matinée claire. Je n'avais pas le dessein de partir de bonne heure, à cause de mon état de maladie pendant la nuit; d'ailleurs je voulais attendre que mes gens eussent fait sécher ce qui était mouillé. A dix heures, le messager de Kano que j'avais envoyé au gadado arriva, et me pria, de la part de celui-ci, de vouloir bien rester à Djaza, où il me verrait, puisqu'il comptait s'arrêter dans cette ville. A onze heures du matin il y entra avec une suite nombreuse de cavaliers et de fantassins : les premiers, armés de lances, de sabres et d'épées; les autres de sabres, d'arcs et de flèches. Les femmes venaient ensuite, quelques-unes montées à cheval à califourchon, d'autres sur des chameaux; d'autres moins heureuses étaient à pied, portant les calebasses et les ustensiles de cuisine. Quand il passa devant ma maison, je sortis pour le voir. Il était précédé de quatre grandes trompettes et d'une flûte semblable à celle d'une cornemuse, enfin de deux tambours. Il descendit de cheval, me prit par la main, et nous marchâmes, en nous tenant ainsi, vers la maison qui avait été préparée pour lui. Il s'informa de ma santé d'un air très-affectueux, et me demanda comment j'avais trouvé mes parents et mes amis en Angleterre. Il me dit que Bello avait reçu ma lettre de Koulfa en Nyffé, et y avait expédié un messager pour m'amener chez lui; mais que jamais ma lettre du Bornou, indiquant le lieu où ses agents me rencontreraient sur la côte maritime, ni celle que je lui avais écrite de Katagoum, ne lui étaient parvenues.

Ensuite le gadado me conseilla de retourner avec lui à Kano, parce que les routes étaient si mauvaises au-delà de Djaza, qu'une aussi petite troupe que la mienne ne pourrait pas avancer. Il me dit encore qu'il aurait volontiers fait prévenir le gouverneur de l'Adamowa, mais que celui-ci avait déjà cinq journées d'avance sur moi, et qu'aucun messager n'aurait pu le rattraper avant son arrivée à Sackatou; qu'il valait mieux, tant pour ma santé que pour mon agrément, que je retournasse à Kano, d'où je repartirais avec lui après les pluies; il finit par m'assurer que je ne manquerais de rien. Je lui répondis que je suivrais son conseil, puisque ma mauvaise santé et le méchant état des routes me faisaient croire que nous succomberions tous, hommes et bêtes. J'eus en abondance toutes sortes de provisions.

Mercredi, 11 octobre. La nuit dernière, mon cheval mourut; ce matin j'ai perdu mon journal de poche et mon livre de notes (1), mes lunettes, mon écritoire, mes plumes, etc., que mon domestique avait placés sur ma selle en dehors de la porte de ma cabane, afin que je trouvasse tout cela prêt à ma sortie. J'avais permis à l'homme chez qui j'avais logé à Baebaegié, de rester dans l'enclos où je demeurais; mon domestique l'accusa tout de suite de ce vol, ainsi que ses gens. J'aurais bien voulu les fouiller, mais ils décampèrent au moment où le vol fut découvert.

A sept heures du matin je continuai ma marche; je traversai un grand village, et je passai plusieurs fois la rivière, dont j'ai déja parlé fréquemment, comme prenant sa source dans les collines granitiques au sud de Cachenah. Ici elle serpente agréablement : ses rives escarpées et couvertes de grands arbres sont quelquefois rocailleuses, et offrent ailleurs un mélange d'argile et de rochers. Je pouvais à grand'peine

---

(1) Il paraît que Clapperton ne put pas recouvrer ces objets; voilà pourquoi il se trouve une lacune dans son Journal.

faire avancer mes chameaux, tant ils étaient épuisés par les écorchures et la fatigue. Le pays autour de Zermie est bien cultivé en maïs et dourrah; les villages sont nombreux; le sol est une argile rouge légère, mêlée de petits rochers qui se décomposent, et sont épars à sa surface, recouverte généralement d'une couche mince de sable.

L'armée s'est considérablement augmentée par l'arrivée des troupes de Zermie et de Djaroba; de tous côtés la route est couverte de cavaliers et de fantassins, de chevaux, de bœufs et d'ânes, s'efforçant à l'envi de marcher les premiers. Quelques soldats de Zermie sont entièrement nus, sauf une peau de mouton tannée qui leur entoure les reins, et qui est découpée en lanières et ornée de cauris; leurs cheveux laineux sont rasés en partie : le reste est tressé et arrangé en crêtes, en cercles, etc.; quelques-uns les ont alongés et pendants en boucles hérissées, ce qui leur donne un air sauvage et farouche.

Vers midi, j'arrivai à Kouarrie, et j'allai aussitôt chez le gadado pour lui annoncer que j'avais été volé, et lui désigner les gens que je soupçonnais du délit. Il me promit d'envoyer un messager au gouverneur de Kano, pour le prier de faire fouiller les gens de Baebaegié, ajoutant qu'il n'était pas douteux que mes livres ne me fussent rendus.

Graces à l'obligeance d'un des principaux officiers et proche parent du gadado, je louai pour 5,000 cauris un bœuf pour transporter mon bagage à Sackatou : c'était indispensable, car après avoir ôté la charge de dessus le dos du chameau, qui était écorché, ce pauvre animal ne fut plus en état de se relever; en conséquence on le tua, et sa chair fut distribuée aux pauvres.

Mardi 12. Matinée claire. Ayant vainement attendu jusqu'à midi mes effets volés, je partis : bientôt je m'aperçus que le bœuf de louage était misérablement maigre et galeux; si on le mettait en vente, on n'en obtiendrait pas plus de 3 à 4,000 cauris.

Je voyageais au milieu de champs de millet et de dourrah; je passai par plusieurs villages et par une ville murée, que l'on nommait Kouarrie comme la dernière; je traversai le Faoutchir à un gué profond de quatre pieds ; le lit de cette rivière, large de trois cents pieds, était en ce moment bien rempli; son cours est de deux milles et demi à trois milles par heure ; ses rives sont basses, sablonneuses et boisées : ici le Faoutchir est tout près de son confluent avec le Kouarrie, qui est à notre droite et coule au nord. Nous suivîmes ses bords pendant une heure, et quand nous les eûmes quittés, le pays nous offrit successivement des coteaux sablonneux et des marécages, puis des bois épais, dont les principaux arbres étaient l'acacia et le mimosa. Mes bœufs et mon chameau étaient épuisés de fatigue : je fus obligé d'attendre que ces pauvres bêtes eussent pris un peu de repos et que la chaleur fût passée : le chameau n'avait pas la force de se mouvoir.

Au coucher du soleil, ne voyant pas arriver de secours de la part du gadado, ni de messager avec mes livres perdus, je louai cinq fantassins de Zamfra pour transporter, moyennant 2,000 cauris, la charge du chameau jusqu'au camp, et j'abandonnai l'animal à son sort. Mais nous n'avions pas encore fait beaucoup de chemin, lorsqu'un messager du gadado m'amena un chameau, et ôta par force les fardeaux aux porteurs ; néanmoins je leur donnai 500 cauris pour le service qu'ils m'avaient rendu : ils furent très-satisfaits, et m'adressèrent beaucoup de remercîments. Mes domestiques avaient porté, pendant la plus grande partie du jour, la charge du bœuf sur leur tête; je ne pouvais assez admirer leur patience, puisque, le matin, ils n'avaient eu pour toute nourriture qu'un peu de dourrah moulu et de l'eau; je fus obligé d'en prendre aussi ma part.

Il était plus de neuf heures du soir quand nous arrivâmes au camp, que l'on avait placé le long d'un lac. J'envoyai au gadado le présent destiné à Bello, pour qu'il le chargeât sur son chameau, puisqu'il ne me restait plus qu'un bœuf galeux que nous avions beaucoup de peine à faire avancer, quoiqu'il ne portât que la tente : mes domestiques avaient le reste. Je n'eus à manger qu'un peu de maïs moulu, et cuit avec de l'eau et du sel; je dormis en plein air.

Indépendamment des tambours et des chevaux, chaque gouverneur de province avait un chanteur ou crieur; celui de Zegzeg était le plus dégoûtant : c'était un grand nègre à cheval, la tête rasée, hurlant comme un homme à l'agonie, et de temps en temps criant de toutes ses forces; il m'appelait Kaffir, et me menaçait de me manger.

Le matin, de bonne heure, je sortis du camp, et, gravissant sur des coteaux graveleux, je jouis d'une vue étendue à l'ouest et au sud-ouest sur les vastes plaines et les marais de Gondamie. Le sol sur le coteau était composé d'argile rouge et de gravier; les arbres étaient bas et tortus. A midi, je fis halte pour que le bœuf se reposât; à une heure, je continuai ma route; à cinq heures du soir, je m'arrêtai sur les bords d'un grand lac qui est formé par les rivières de Zermie et de Zarrie, ou plus exactement sur les bords d'une chaîne de lacs et de marais qui couvrent la plus grande partie de la province de Gondamie, et s'approchent beaucoup de Sackatou. Les rives de ces lacs sont fréquentées par un grand nombre d'éléphants et d'autres bêtes sauvages. L'aspect de ces lacs, dans cette saison, et dans l'endroit où je les vis, était magnifique : tous les acacias étaient couverts de fleurs, les unes blanches, les autres jaunes, qui formaient un contraste avec les petites feuilles d'un vert sombre : on aurait dit des houppes d'or et d'argent sur un manteau de velours d'un vert foncé. J'aperçus de grands poissons qui sautaient dans le lac. Des soldats se baignaient; d'autres abreuvaient leurs chevaux, leurs bœufs, leurs chameaux et leurs ânes : l'eau du lac était unie comme une glace, et entourait les racines des arbres. Le soleil, en s'abaissant vers l'horizon, projetait l'ombre des acacias fleuris le long de la surface du lac : c'était comme autant de nappes d'or et d'argent bruni. La fumée des feux le long des bords, le son des cors, le battement des gongs ou tambours, le bruit des trompettes de cuivre ou de fer-blanc, les huttes grossières en herbe ou en branchages qui s'élèvent comme par enchantement, partout la répétition des noms de Mohamed, Abdoul, Moustafa, etc.; enfin le hennissement des chevaux et le braire des ânes animaient le beau tableau des lacs, leurs pentes verdoyantes et leurs rives boisées.

Le seul ordre qui paraît régner dans ces armées féodales de demi-sauvages, c'est que chacun se place à l'est, à l'ouest, au nord, ou au sud, suivant la position relative de sa province; du reste tout est mêlé confusément, sans la moindre régularité. L'homme qui, par son grade, vient après le gouverneur de la province, dresse sa tente près de la sienne. Je retrouvais toujours mon logement qui était à côté de celui du gadado, en m'informant à quelle province appartenaient les gens que je trouvais campés et auxquels je parlais.

Le soir, le gouverneur m'envoya en présent un mouton, et aussitôt après ordonna qu'on m'apportât un fusil, pour que je misse une vis à la batterie; quand je déclarai que je n'avais pas de vis, et que je ne pouvais pas en faire une, ils s'en allèrent mécontents. Un instant après je ne retrouvai pas ma poire à poudre, que j'avais suspendue à une branche d'arbre avec mon fusil et mon sabre; les coquins l'avaient volée.

Le gadado m'a dit aujourd'hui, pour la première fois, qu'avant d'aller à Sackatou, nous passerions par Counia, capitale du Gouber, le sultan Bello étant campé, avec l'armée de Sackatou, près de cette ville, qu'il veut prendre avant de retourner chez lui. Les troupes de Kano passent pour les meilleures, et observent plus d'ordre que les autres; mais en somme ce sont les plus pauvres et les plus insignifiantes que j'aie jamais vues ou que j'aie pu imaginer.

Samedi 14, matinée fraîche et claire; mais une forte rosée m'avait entièrement mouillé et transi. A cinq heures quarante minutes du matin, nous avons quitté notre campement; la route suivait généralement les rives du lac. Partout j'apercevais des traces d'éléphants; la nuit dernière on entendit des lions rugir tout près du camp. La chaleur du soleil, depuis neuf heures du matin jusqu'à trois heures après-midi, a été la plus accablante que j'aie jamais éprouvée; et la poussière soulevée par le grand nombre d'hommes et d'animaux se pressant tous d'avancer aussi vite qu'ils pouvaient, rendait l'air suffocant, dans de certains moments. Maintenant que l'on suppose que nous somme entourés par les ennemis, c'est à qui sera en avant : il n'est pas permis de faire halte. Mon domestique, ayant un fardeau sur la tête, était obligé de conduire le bœuf fatigué; et moi, avec l'autre domestique, j'essayais de faire hâter le pas à cet animal; mais il fallait le battre sans cesse: ce qui, dans un pays comme le nôtre, renommé par sa grande humanité, aurait paru extrêmement cruel; mais en Afrique, un homme fera bien des choses contre lesquelles la nature humaine se révolte dans notre heureuse patrie.

A quatre heures quarante minutes après midi, je m'arrêtai avec toute l'armée. J'étais fatigué et abattu : la perte de mon cheval et de mon chameau, et, ce qui est pis que tout, celle de mes livres et de mon journal, qui ne me laisse que quelques feuilles de papier et un crayon; la vue de mes domestiques portant des fardeaux sur leur tête, moi-même les aidant et les encourageant à faire avancer un pauvre bœuf galeux et usé plus vite que son allure ne le lui permet; la perspective que j'ai devant moi de n'avoir pour subsister que de l'eau et du maïs bouilli, tout cela serait de nature à me jeter dans le désespoir ; mais j'espère que nous en sommes au plus fâcheux. Nous avons fait halte sur les bords d'un ruisseau qui sort du lac; le lieu était bas et humide. Je me console en pensant que Bello n'est pas à une grande distance de nous; un exprès est aujourd'hui venu de sa part s'informer de ma santé et de la manière dont j'avais supporté les fatigues de la route.

Dimanche 15, matinée claire. A cinq heures

trois quarts, on décampa; à neuf heures on arriva dans un endroit de la forêt marécageuse, traversé par de l'eau courante; il fallut passer cette rivière, qui avait une soixantaine de pieds de largeur et des rives escarpées. Elle était profonde, on l'aurait prise pour un canal creusé par l'art; on la franchit sans accident, quoique beaucoup de gens de la troupe, se précipitant à-la-fois avec leurs chameaux, leurs bœufs, leurs chevaux et leur bagage, eussent été arrêtés par groupes dans la vase, dont ils ne se dépétrèrent pas facilement. Je n'avais encore parcouru que quelques pas sur l'autre rive, lorsque mon cheval enfonça jusqu'au ventre, et comme je n'en descendis pas aussitôt, pensant que je pourrais le tirer du bourbier en lui faisant continuer sa marche, je reçus un coup violent du pommeau de la selle lorsqu'il plongea. A la fin je me dégageai, je mis la selle sur ma tête, et je menai l'animal à un terrain plus ferme, sous un arbre tout près duquel je trouvai mes gens qui essayaient de tirer le bœuf hors du trou où il était également entré. Je fis sentinelle pour garder le bagage; mais tous les efforts de mes gens ne purent faire sortir le pauvre bœuf; je leur dis de venir se reposer, et j'en envoyai un chercher du secours au camp.

Sur ces entrefaites, des Zamfrani sans fardeau ni armes passèrent par là; ils allaient aider leurs amis, qui étaient encore embarrassés dans la boue, à retirer du marais le bagage du gouverneur. Je leur demandai d'un ton très-poli de me donner un coup de main pour faire sortir mon bœuf de la fondrière. « C'est « bon, chrétien, répondirent-ils; donne-nous « ce que tu as sur ton plat, et nous t'aide- « rons. — Prenez-le, mes enfants. » Je leur tendis le plat, où il y avait un cœur de mouton bouilli et couvert de graisse; ils partagèrent ce mets entre eux; ensuite ils se rendirent à l'endroit où le malheureux bœuf se trouvait, et le dégagèrent dans un instant.

On laissa respirer un peu l'animal, puis on se remit en route; mais bientôt de nouvelles difficultés se présentèrent. Il fallut passer une seconde rivière pire que la première; je me déshabillai et je la traversai à gué, en menant mon cheval par la bride. De l'autre côté, je rencontrai sous un arbre un Fellatah malade, qui n'avait pas la force de marcher; il était natif d'un des villages voisins; une fièvre brûlante le dévorait; il me dit que ses amis avaient enlevé son cheval, et l'avaient laissé à la merci de quiconque voudrait le secourir.

Vers le milieu du jour, j'arrivai à la cour de Bello. Le gadado, qui me vit passer, m'envoya dire de m'arrêter, parce qu'il fallait que j'allasse chez le sultan, qui était disposé à excuser le désordre de ma toilette, tant il avait envie de me voir. En conséquence, je descendis de cheval, et j'accompagnai le gadado à la demeure du sultan; elle était composée d'un grand nombre de cabanes entourées de toiles attachées à des perches, ce qui en faisait un village particulier. Bello m'accueillit avec beaucoup de bonté, j'y fus très-sensible. Il s'informa de la santé du roi d'Angleterre; me demanda si mon pays était encore en paix, et comment j'avais trouvé mes parents. Il parut surpris quand je lui dis que je ne les avais pas vus, et que je n'étais resté que quatre mois en Angleterre. Il me raconta qu'il n'avait reçu aucune de mes lettres, ni celle que je lui écrivis du Bornou, ni celle que je lui avais envoyée de Tripoli par la voie de Ghadamès. Il voulut savoir si je n'avais pas éprouvé de grandes difficultés en traversant l'Yourriba; il ajouta qu'il avait entendu parler de moi pendant que j'étais à Katunga, et qu'il avait dépêché un messager à cette ville pour m'aider à passer, et un autre à Koulfa; je lui répondis que je n'en avais vu aucun.

Durant cette entrevue il commença de pleuvoir très-fort; il tonna, il fit des éclairs; le sultan et le vieux gadado étant restés exposés à l'orage, je fus naturellement obligé de faire de même. Bello me dit qu'il avait appris que nos chameaux étaient morts en route; mais que dans la soirée il m'enverrait un de ses gens avec un chameau, et que cet homme veillerait à ce que tout mon bagage arrivât sans accident à Sackatou; que cependant il vaudrait mieux que tout restât avec moi jusqu'à ce que je partisse pour la capitale; que là je lui remettrais le présent et la lettre du roi d'Angleterre; que cela convenait mieux, parce qu'il projetait d'attaquer la capitale du Gouber le lendemain.

La pluie ayant cessé, j'eus la permission de prendre congé, et je gagnai la partie du camp qui m'était assignée; elle ne se trouvait pas éloignée de la demeure du sultan.

Pendant la nuit, des cavaliers revêtus d'armes matelassées firent la garde assez exactement; tous les chevaux du camp furent sellés au coucher du soleil, et restèrent ainsi toute la nuit.

Je ne trouvai pas Bello très-changé, si ce n'est qu'il avait un peu grossi et qu'il était un peu mieux vêtu. Aujourd'hui il avait une chemise et un turban de mousseline blanche rayée, et les plus beaux tobés que l'on fabrique dans le pays.

Lundi 16. Matinée froide, rosée épaisse. A quatre heures, tout était prêt pour commencer la guerre; mais l'armée ne se mit en marche qu'à six heures : dans l'intervalle, le temps fut presque tout employé à la prière. Je me tenais près du gadado, il m'en avait témoigné le désir. On traversa des champs de millet et de dourrah de l'ennemi. A huit heures, le sultan s'arrêta sous un arbre, et ordonna de former un camp ; ce fut promptement exécuté par les soldats, qui coupèrent ou arrachèrent les tiges de millet et de dourrah, et en firent des cabanes, des haies et des défenses. J'allai trouver le sultan, qui, descendu de cheval, s'était assis à l'ombre de l'arbre près duquel il avait fait halte. Les gouverneurs des provinces l'entouraient; tous, excepté celui d'Adamowa, étaient mieux vêtus que lui.

Après la prière du milieu du jour, tout le monde, soit cavaliers, soit fantassins, sauf les eunuques, les chameliers et autres domestiques employés seulement à prévenir les vols, marchèrent vers le point d'attaque; bientôt on arriva devant les murs de Counia. J'avais accompagné la troupe, je pris mon poste tout près du gadado. Jamais je n'avais vu d'armée marcher avec si peu d'ordre; cavaliers et fantassins étaient mêlés confusément. Chacun se précipitait à qui avancerait le premier; quelquefois les soldats d'un chef se poussaient au milieu de ceux d'un autre, alors les sabres étaient tirés à moitié, mais tout finissait par une grimace ou une mine menaçante.

Bientôt nous arrivâmes devant Counia, capitale du Gouber révolté; cette ville n'avait pas un demi-mille de diamètre, sa forme était presque circulaire; elle est bâtie sur un des bras de la rivière ou de la chaîne de lacs dont j'ai parlé. Chaque chef, en arrivant, prit son poste, qui, je le suppose, lui avait été marqué d'avance. Je crois que le nombre des combattants menés devant la ville était au moins de 50 à 60,000; les fantassins en faisaient plus des neuf dixièmes. Un espace de six cents pieds tout autour des murs de la ville, offrait un cercle épais d'hommes et de chevaux. Les cavaliers se tenaient hors de la portée de l'arc; les fantassins se portaient en avant, suivant que leur courage ou leur inclination les excitait, et entretenaient un feu irrégulier avec une trentaine de fusils; en même temps, ils tiraient des flèches. Devant le sultan, les troupes de Zegzeg avaient un fusil français, celles de Kano en avaient quarante-un. Dès que le coup de fusil était parti, celui qui l'avait tiré reculait hors de la portée de la flèche pour le charger de nouveau. Tous ces fusiliers étaient des esclaves; pas un seul Fellatah n'avait d'arme à feu. L'ennemi tirait ses flèches avec précaution et mesure; il ne les faisait partir le plus souvent que lorsqu'il voyait qu'elles produiraient certainement leur effet. De temps en temps un cavalier galoppait jusqu'au fossé, et brandissait sa lance, en ayant soin de se couvrir de son large bouclier de cuir, puis s'en retournait aussi vite qu'il était venu; et quand il se retrouvait au milieu de son monde, il criait

ordinairement d'un ton animé : « Les boucliers
« à la muraille! vous, hommes du gadado ou
« d'Atego, etc., pourquoi ne vous élancez-vous
« pas contre les murs? » Alors quelques voix
lui répondaient : « Oh! tu as un bon et grand
« bouclier pour te couvrir. » Le cri de « les
« boucliers à la muraille! » était généralement
adressé par les chefs à leurs soldats ; mais
ceux-ci n'y prenaient pas garde, et ni le chef
ni sa troupe ne bougeaient.

A la fin les hommes revêtus d'armes ouatées
marchèrent en avant « par ordre. » De loin ils
n'avaient certainement pas mauvaise apparence, le sommet de leurs casques étant orné
de plumes d'autruches noires et blanches, et les
côtés garnis de morceaux de fer-blanc qui bril-
laient au soleil; leurs longs manteaux ouatés, et
de couleurs éclatantes, couvraient une partie
de la queue des chevaux et pendaient jusque
sur leurs flancs; l'armure du cheval sur le cou
était dentelée ou ondulée pour ressembler à
une crinière; sur le devant de sa tête, et sur
ses naseaux, s'étendait une plaque de fer-blanc,
et il y avait de chaque côté un morceau du
même métal en forme de croissant. Le cavalier était armé d'une grande lance ; il avait

besoin d'être aidé pour monter à cheval, à cause de la pesanteur de son manteau ouaté; il fallait que deux hommes le soulevassent; il y en avait six appartenant à chaque gouverneur, et six au sultan. Je m'imaginai d'abord que les fantassins profiteraient de l'abri de ces lourdes machines pour s'avancer; point du tout, ces cavaliers matelassés marchèrent en avant seuls, aussi vite que le pouvaient les pauvres chevaux qui les portaient, c'est-à-dire lentement. Les habitants de Counia n'avaient qu'un fusil, mais il produisit des effets prodigieux, car il abattit l'homme formant l'avant-garde des cavaliers matelassés. Celui-ci tomba comme un sac de blé qu'on jette de dessus un cheval devant la porte d'un meunier. Trois fantassins vinrent emmener le cheval et emporter l'homme, qui avait reçu deux balles dans la poitrine : l'une traversa son corps et les deux côtés de son tobé; l'autre, après avoir percé le corps, s'arrêta dans l'armure ouatée vis-à-vis des épaules.

Le cri d'*Allah akbar* (Dieu est grand) retentissait dans toute l'armée au moins une fois par quart d'heure; c'est le cri de guerre des Fellatah : mais ni celui-là, ni celui de

« boucliers à la muraille, » ni celui de « pour-
« quoi les soldats du gadado n'avancent-ils pas? »
ne produisaient d'autre effet qu'une rixe entre
ces guerriers; et leurs chefs étaient forcés
d'aller séparer leurs gens, qui semblaient bien
plus disposés à se battre entre eux que contre
l'ennemi. Il y avait dans l'armée trois Arabes
de Ghadamès complètement armés; l'un d'eux
était Hameda, le marchand du sultan: il montait un beau cheval touarik, et avait une lance
et un bouclier, un fusil arabe, une paire de
pistolets, une espingole, un sabre et un poignard: les deux autres, Abdoul Kérim et Beni
Omar, avaient chacun un fusil, des pistolets,
un sabre et un poignard. Abdoul Kérim était
à cheval, Omar à pied; celui-ci, dès le commencement de l'attaque, reçut du fusil de Counia une balle qui emporta sa giberne et toutes
ses munitions. Hameda et Abdoul Kérim se
tinrent derrière le sultan et le gadado durant
toute l'action, et se joignaient avec ardeur au
cri d'*Allah akbar*. Une fois que je me trouvai
près de Hameda, il me demanda pourquoi je
ne répétais pas aussi ce cri, et si le lieu n'était
pas bon? Je l'engageai à se tenir tranquille et
à ne pas parler comme un sot, puisque mon

Dieu comprenait l'anglais comme l'arabe.

Le personnage qui fut le plus utile de notre armée, et qui se montra aussi brave que tout autre, fut une femme esclave du sultan; elle était du Zamfra, et disait qu'elle avait élevé cinq gouverneurs de ce pays; sa couleur était cuivrée très-foncée. Par son habillement et sa physionomie, elle ressemblait à une des femmes eskimauses, représentées dans le voyage du capitaine Lyon. Elle montait un long cheval bai-clair, à queue pelée, les oreilles coupées, et la crinière dans le même état que si les rats en eussent rongé une partie; le pauvre animal était bien chétif. Cette femme était à califourchon; un couvercle de plat, de forme conique et en paille, lui tenait lieu de chapeau, et préservait son visage du soleil; elle avait une robe de chambre courte, de couleur blanche et sale, un ample pantalon blanc également malpropre; une paire de bottes du Haoussa, qui sont larges, remontait au-dessus de ses genoux, et était attachée autour de la taille par un cordon; enfin, elle avait un fouet et des éperons. A sa selle étaient suspendues une demi-douzaine de gourdes pleines d'eau et un bassin servant à boire;

elle en donnait aux blessés et aux altérés. Je lui eus certainement de grandes obligations, car deux fois elle me gratifia d'un bassin d'eau. La chaleur et la poussière rendaient la soif presque insupportable; un grand nombre de soldats se retiraient à l'ombre quand ils se sentaient fatigués, et allaient aussi se désaltérer à la rivière. Lorsque le soleil fut sur son déclin, le sultan descendit de cheval, et on tint son bouclier au-dessus de lui pour lui faire de l'ombre. Tout cela continua jusqu'au coucher du soleil; alors le sultan étant remonté à cheval, on s'éloigna des murs de Counia, et on retourna au camp.

En somme, ce fut le plus pauvre combat qu'il soit possible d'imaginer; quoique les musulmans professent la doctrine de la prédestination, je ne les vis pas une seule fois se conduire comme des gens qui y ont croyance. Ces armées féodales sont les plus méprisables; toujours plus disposées à se battre entre elles qu'avec les ennemis de leur roi et de leur patrie, et agissant rarement de concert. Pendant la nuit les habitants de Counia nous empêchèrent d'atteindre à la rivière, nous manquâmes d'eau; bientôt le bruit se répandit qu'ils étaient sortis pour fondre sur nous; à l'instant toutes les troupes de Zamfra, cavaliers et fantassins, se précipitèrent sur nous, dans notre quartier, pêle-mêle, à qui éviterait le plus tôt le danger. Je ne m'étais pas déshabillé; mon cheval était sellé, chacun de mes chameaux chargé. Mes domestiques auraient bien voulu s'enfuir; mais je les avais arrêtés, et forcés de placer la charge sur les chameaux; ensuite je les fis partir avec ceux du gadado, qui étaient les seuls restant.

Le drapeau des Fellatah est blanc comme celui des Français: le bâton est une branche de palmier. Au lieu de gens en dignité, ce sont des esclaves qui le tiennent; on en porte six devant le sultan, deux devant un gouverneur. Les Fellatah ont aussi des tobés et des pantalons blancs, comme un emblème de la pureté de leur foi et de leurs intentions.

Mardi 17. Matinée claire, rosée abondante. Pendant la nuit dernière, nous avons été troublés plusieurs fois par des rapports de l'approche de l'ennemi: une fois, la confusion fut si grande, que la plupart des hommes et des animaux se culbutèrent les uns par-dessus les autres, et se précipitèrent en avant, pour sauver, par la fuite, tout ce qu'ils pourraient. Les troupes de Zermie, qui étaient campées le plus près de la ville, s'échappèrent à travers le camp général, et renversèrent tout sur leur chemin : mes domestiques les auraient volontiers suivies, mais je leur déclarai que s'ils bougeaient sans emmener le bagage, je leur brûlerais la cervelle; cette menace, que je leur fis en prenant mon fusil pour l'effectuer, produisit l'effet désiré. Toutefois, je leur ordonnai de seller les chameaux, ensuite je leur permis de décamper avec les chameaux du gadado ; ils me prièrent instamment d'aller avec eux, mais je restai jusqu'au départ du sultan et du gadado.

Ainsi se termina cette campagne innocente ; à cinq heures du matin tous deux se mirent en route, et à sept heures ils s'arrêtèrent à l'endroit où nous avions souffert tant de fatigues en traversant les marais deux jours auparavant. Là, les gouverneurs du sud et de l'est prirent congé du sultan, et suivirent la route par laquelle nous étions venus avec eux l'autre jour. Quant à moi, je restai avec les troupes de Sackatou. Nous longeâmes encore les bords du lac; partout on voyait de nombreuses traces d'éléphants et d'autres bêtes sauvages ; sur les terrains élevés le pays était peu boisé, les arbres étaient petits et difformes, excepté dans les ruines des villes, où ordinairement ils acquièrent de grandes dimensions et ont un feuillage touffu. Pas de vestiges d'habitants. Le soleil était excessivement chaud : sans la quantité abondante d'eau que le lac nous fournissait, nous serions certainement morts de soif. A sept heures du matin on fit halte à l'ancien camp du sultan.

J'appris là, pour la première fois, la cause de notre fuite rapide ; c'était la désertion des troupes de Zermie dont j'ai déja parlé, et de toute l'infanterie, qui, à la première alarme, avaient décampé, sachant bien que la cavalerie ne les attendrait pas. Je rencontrai beaucoup de fantassins blessés : un bien petit nombre d'entre eux avaient été assez heureux pour se procurer des bœufs pour les porter ; le reste était composé de malheureux esclaves obligés d'aller à pied. Un pauvre diable avait été blessé dans la nuit, en essayant d'avoir de l'eau; les assiégés, comme je l'ai rapporté plus haut, s'étant emparés des bords de la rivière. Dans la soirée de l'attaque, un coup de sabre lui avait ouvert la figure, et un autre lui avait fait une blessure profonde au bras. Ses plaies étaient très enflées, ayant été exposées d'abord à la chaleur du soleil, puis au froid de la nuit, et liées simplement avec un baudage ou morceau de l'écorce intérieure d'un arbre, qui ne couvrait pas la moitié, ni même le tiers de la blessure.

Mercredi 18. A deux heures et demie, on quitta le camp; et moitié courant, moitié marchant sur la route de Sackatou, qui longe les bords du lac, on passa devant les ruines de trois tours; on n'aperçut nulle part de traces d'habitants; en revanche celles des éléphants et d'autres bêtes sauvages étaient nombreuses. Le sol est une argile rouge et profonde, mêlée de sable dont une couche mince la recouvre. A deux heures j'aperçus une chaîne de collines s'étendant du sud-ouest au nord-est; elles n'étaient pas très-hautes; à mesure que nous en approchions, les lacs et les marécages se dirigeaient au sud; le sol devint argileux et graveleux, avec des rochers de minerai de fer argileux à sa surface. A cinq heures nous nous trouvâmes au milieu des ravines et des lits de torrents au pied des collines, puis tournant vers une courbure dans les montagnes du sud, nous suivîmes un chemin tortueux entre ces hauteurs jusqu'à dix heures du lendemain matin. Alors, harassé de fatigue, je m'arrêtai à un ancien camp de Fellatah. J'en rencontrai beaucoup à pied, faisant marcher leurs chevaux devant eux; et pendant plusieurs milles avant d'arriver au camp, les fantassins, dont nous avions rejoint quelques-uns, étaient étendus le long de la route, incapables d'aller plus loin. Mon chameau, qui était parti avec les premiers, se reposait depuis deux heures.

Jeudi 19. Pendant deux heures on continua à voyager sur des coteaux d'argile rouge contenant du minerai de fer argileux; ensuite nous parvînmes à leur flanc sud-ouest; là on fut obligé de cheminer pendant un mille et demi dans un terrain bas et marécageux avant d'arriver à la rivière de Zermie, qui était dans cet endroit large et pleine avec un courant de deux milles et demi par heure : elle coulait à l'ouest. Sa profondeur, au lieu du gué, est de cinq pieds, sa largeur de 180 pieds. Il y avait, comme à l'ordinaire, un grand concours de chevaux, de chameaux, de bœufs et d'ânes, et par conséquent une confusion extrême, chacun s'efforçant de dépasser les autres. Je me déshabillai, et prenant la bride de mon cheval, je me jetai à l'eau, le faisant marcher devant moi. J'attrapai un violent mal de tête, parce que l'eau était très-fraîche et que j'avais chaud. Après m'être habillé: je me couchai sous un arbre de la rive opposée ; quand les chameaux eurent un peu pâturé, je repartis. Plus bas, cette rivière offre une chaîne de lacs et de marais qui bordent le flanc sud-ouest de ces coteaux. On voyagea au milieu des champs de coton et de millet. Les côtés de la route étaient remplis par la foule des fantassins que nous avions rejoints. Ils paraissaient exténués de faim et de fatigue ; un grand nombre de cavaliers marchaient à pied, en conduisant leurs pauvres animaux qu'ils aiguillonnaient.

A midi, j'arrivai à Magaria, ville dont les maisons éparses sont bâties sur les coteaux; c'est une seconde chaîne qui se ferme au nord. Magaria est le sansan ou le lieu de rassemblement des armées du pays; il est principalement habité par des esclaves des grands personnages de Sackatou, qui y ont tous des maisons: leurs esclaves, qui cultivent du grain

CHAPITRE V.

et soignent des bestiaux, demeurent généralement à Magaria et dans les villages voisins. La plaine marécageuse, la rivière et les lacs s'étendent à près de six milles dans l'ouest, au-dessous de Magaria, qui, par sa situation dans une gorge de montagnes, doit être très-insalubre, puisque les vents de nord-est poussent les vapeurs au centre de cette ville, située en effet sur les bords du marécage.

Matinée claire, à sept heures. Dans la soirée de la veille, le sultan et le gadado m'avaient envoyé dire que si je désirais aller à Sackatou, et y rester jusqu'à ce qu'ils vinssent m'y rejoindre, je le pouvais, parce qu'ils avaient le dessein de demeurer encore quelques jours à Magaria, pour voir si l'ennemi avait l'intention de les attaquer. Je profitai volontiers de cette permission, car je n'avais éprouvé que des pertes et des désagréments depuis que j'avais rejoint l'armée des Fellatah. Je me mis donc en route; je traversai un pays fertile; partout où le terrain était susceptible de culture, on voyait des champs de millet et de dourrah en bon état. L'année dernière, ce canton avait éprouvé une disette, et beaucoup de gens étaient morts de faim.

Après avoir franchi les collines, qui étaient composées de morceaux de rochers de minerai de fer argileux, couverts de sable à la profondeur d'un pied, j'arrivai sur les bords de la rivière qui coule le long du pied du coteau sur lequel Sackatou est bâti. Ses rives étaient garnies d'une foule nombreuse de gens qui pêchaient. Leurs filets avaient la forme d'une poche, dont l'entrée était bordée par deux petites baguettes, que l'on tenait de chaque main pour l'ouvrir. On prenait de ces petits poissons blancs que l'on apporte ordinairement au marché frits dans du beurre, et qui se vendent deux cauris la pièce.

A trois heures j'entrai dans Sackatou, et j'allai demeurer dans la même maison où j'avais logé précédemment : le gadado avait envoyé à l'avance un messager pour ordonner que tout fût prêt pour me recevoir, et que l'on pourvût à tous mes besoins.

CHAPITRE VI.

Séjour de Clapperton à Sackatou, jusqu'à sa mort.

Quelques instants après mon arrivée à Sackatou, je reçus la visite de tous les Arabes de cette ville : ils commencèrent par me faire beaucoup de compliments, ensuite ils mendièrent tout ce que j'avais. Ils se souvinrent tout de suite de mon domestique Mohamed-el-Sirkis, qui avait été auparavant esclave de Bou-Kaloum : c'était le seul de son armée qui eût sauvé le drapeau du pacha de Tripoli, dans la bataille livrée aux Fellatah de Mosfeïa; c'était lui qui avait rendu au major Denham le cheval qu'il croyait avoir perdu dans la mêlée. Ayant trouvé cet homme esclave à Koulfa, chez un Fellatah, je l'achetai pour 25,700 cauris, et je le mis en liberté. Ces coquins d'Arabes lui conseillèrent de me quitter, parce que j'étais un chrétien, et lui promirent de le soutenir. Je dis à Mohamed-el-Sirkis qu'il était le maître de s'en aller quand et où il lui plairait, puisqu'il jouissait de toute sa liberté, étant sorti d'esclavage; mais j'ajoutai qu'il devait non point partir comme un voleur et en cachette, mais m'abandonner ouvertement et hardiment; en même temps je l'engageai à jeter les yeux sur les tobés sales et déchirés de ses donneurs d'avis, pauvres gens qui n'avaient pas le moyen d'acheter du savon pour se laver et tenir leurs habits propres, et encore moins celui de le nourrir, de lui donner des gages et des vêtements, comme il en recevait de moi.

En examinant Sackatou, je n'observai pas qu'il y eût beaucoup de changement dans ses bâtiments, je crus même n'en apercevoir aucun, quoique j'aie appris que l'hiver dernier cette ville a été presque entièrement détruite par le feu; on dit que cet incendie est l'ouvrage des rebelles du Gouber. Comme au point du jour la brise du matin souffle avec force du nord-est, ils mirent le feu à une maison située de ce côté; la flamme s'étendit avec rapidité, et plus des deux tiers de la ville étaient brûlés avant qu'on eût pu arrêter l'embrasement. La ville est rebâtie de la même manière qu'auparavant : Sackatou a maintenant onze portes; on en a construit sept depuis que la rébellion a éclaté.

Il y a dix cadis ou juges avec le vieux Ben-Gumso, Arabe demeurant dans cette ville, qui, dans l'absence du sultan, font jour et nuit la garde aux portes, avec leurs gens, jusqu'à son retour. Chacun est chargé d'une porte, en dedans de laquelle on lui élève une cabane temporaire en nattes, où il loge. A mon arrivée, Ben-Gumso envoya quelqu'un pour m'indiquer celle où il était placé, et me dire qu'il ne pouvait venir me voir avant que le sultan fût revenu, parce qu'il encourrait la peine de mort, s'il quittait son poste. En conséquence, j'allai le trouver. Il se tenait à la porte de sa hutte; il avait pour défense sept mauvais fusils arabes, dont quelques-uns manquaient de pierre ou de baguette : n'importe, ces armes faisaient regarder ce poste comme imprenable.

Mardi 24. Dans l'après-midi, un messager expédié par le sultan et le gadado m'annonça de leur part que les rebelles étant journellement attendus près de Magaria, ils ne savaient pas quand ils pourraient retourner à Sackatou; en conséquence ils m'invitaient à revenir à Magaria, et à y rester avec eux : ils m'envoyaient deux chameaux pour transporter mon bagage, et un cheval pour moi. Le bruit court ici que les habitants des villages voisins de Magaria ont tous pris la fuite, et ont établi leur demeure dans cette ville.

Mercredi 25. Je ne suis point parti aujourd'hui pour Magaria, parce que je voulais faire une provision de riz, pain, viande sèche et farine; ces denrées étant beaucoup plus chères dans cette ville, et le pain n'y étant pas connu. Magaria est dans la province d'Adér, que l'on nomme aussi Tadèla, et qui contient un grand nombre de villes. Ses habitants sont pour la plupart des nègres; le reste est une race de métis issus des Touarik et de leurs esclaves. Le pays est rempli de collines rocailleuses basses, et bien arrosé par des lacs et des rivières.

Jeudi 26. Matinée fraîche et claire. A huit heures du matin, je sortis de Sackatou. J'étais malade d'un gros rhume, que j'avais attrapé par ma négligence, ayant quitté mon pantalon et mes bas de laine, à mon arrivée dans la capitale. Le soleil était très-chaud; j'eus la fièvre; je m'arrêtai dans un village jusqu'à trois heures. Alors j'en repartis, et à six heures du soir j'entrai dans Magaria, où une maison avait été préparée pour moi. Des messagers du sultan et du gadado vinrent s'informer de ma santé. Mon spleen avait considérablement augmenté dans un jour; mais j'allai me coucher sans rien manger, je fis allumer un bon feu près de mon lit; je transpirai beaucoup, et cela me soulagea; quoique l'enflure de mon côté n'eût pas diminué, cela affaiblit la douleur que j'y ressentais, et celle que j'éprouvais à la tête et dans les os.

Vendredi 27. Temps frais et clair. Je me trouvais beaucoup mieux. Le gadado vint, et me dit que, si je pouvais quitter mon logis, le sultan recevrait les lettres et les présents du roi mon souverain. Je me revêtis aussitôt de mon uniforme; je plaçai tous les présents dans des paquets séparés; je tirai, des boîtes de fer-blanc qui les renfermaient, le garde-temps, la montre, etc.; tous les objets étaient comme au moment où ils venaient de sortir des mains du fabricant. Je sortis ensuite avec le gadado. Mes domestiques et les siens portaient les présents, qui consistaient en un parasol de soie rouge monté en argent, une canne de messager à pomme d'argent, douze yards de damas rouge, douze yards de bleu de ciel, douze yards de soierie rouge, vingt-quatre yards de batiste, deux livres de girofle; un fusil de chasse à un coup, monture en cuivre; un fusil de chasse uni, à deux coups; une paire de pistolets pour le fils du sultan; deux sabres courts, deux caisses de fusées; une quantité de poudre, balles, pierres à fusil et petit plomb; une rame de grand papier anglais; deux paquets de crayons de mine de plomb; des estampes coloriées de la famille royale et de batailles; un livre de notes en blanc, un plus petit; une douzaine de paires de bas de coton blanc, un garde-temps, et une montre d'or de Rigby; une plume sans fin, un pistolet à batterie, deux chaînes dorées, quatre couteaux à ressort, un nécessaire de toilette complet, une loupe, deux brides anglaises, une quantité de médicaments, deux malles vides; le Nouveau-Testament en arabe; la partie de l'Ancien-Testament traduite dans cette langue; le Koran en arabe, les Éléments d'Euclide; l'Ibn Senna (Avicenne); l'Histoire des Tartares sous Tamerlan, les Psaumes de David; plusieurs chapitres de la Bible, et beaucoup d'autres livres dans la même langue. Il y avait pour le gadado une moindre collection de la même sorte d'objets.

Samedi 28. Ce matin, j'ai reçu la visite de Sidi-Cheikh, qui est le médecin et un des secrétaires de Bello. Il me communiqua de la part de son maître un message, qui certainement me causa une surprise extrême; cependant je fis semblant de ne le regarder que comme une chose toute naturelle. Voici ce qu'il me dit : « Le sultan m'a envoyé pour t'annoncer
« que, quelle que soit la route que tu choisiras
« pour retourner en Angleterre, il te la fera
« prendre, quand même ce serait celle du Bor-
« nou, si tu la préfères. Mais réfléchis bien avant
« de te décider pour celle-là, parce que je dois
« t'informer que lorsque tu étais ici, il y a
« deux ans, le cheikh du Bornou écrivit au
« sultan pour lui conseiller de te faire mourir;
« puisque, si les Anglais recevaient trop d'en-
« couragements, ils viendraient dans le Soudan
« l'un après l'autre, jusqu'à ce qu'ils fussent
« assez forts pour s'emparer du pays, et le dé-
« posséder, lui sultan, ainsi qu'ils avaient déja
« fait dans l'Inde, qu'ils avaient arrachée des
« mains des musulmans. Mais Bello répondit au

« cheikh, qu'il commettrait une action infame
« en faisant mourir un homme sans protec-
« tion. Il ne put se rendre raison d'une telle
« conduite de la part du cheikh, qui t'avait
« placé sous la sauvegarde de Bello, qu'en
« l'attribuant au projet de faire naître une que-
« relle entre eux. »

« — Je trouve certainement très-extraordi-
« naire, répondis-je à Sidi-Cheikh, que le Cheikh-
« el-Kanemi ait écrit une lettre de ce genre,
« puisqu'il m'a toujours montré une bonté
« extrême tant avant mon départ pour le Sou-
« dan qu'après mon retour de ce pays : de plus,
« lorsque je partis du Bornou, il me fit un
« beau présent, et me donna les plus fortes
« assurances de son amitié et de son estime.
« Je dois insister pour avoir la lettre extraor-
« dinaire dont tu me parles, et pour en avoir
« une copie. — Bello l'a envoyée à Gondo, à
« son cousin Abdallah. — Il faut absolument
« que je la voie, et que j'aie la permission
« d'en prendre une copie, avant de quitter
« Sackatou, parce que j'ai une lettre et des
« présents du roi d'Angleterre pour le Cheikh.
« Mais quelles sont les autres routes que le sul-
« tan propose? — Il te mettra sous la protec-

« tion d'un marabout ou saint homme, qui te
« conduira sain et sauf chez le sultan du Bor-
« gou; de là tu pourras aller au nord jusqu'aux
« confins du désert, et les suivre jusqu'à ce
« que tu arrives près du Fouta-Tora, d'où tu
« pourras te diriger au sud vers un pays qui
« appartient à Bello, est habité par des Fella-
« tah, et peu éloigné des établissements an-
« glais.—Je dois réfléchir à tout ceci avec une
« attention très-sérieuse; car j'ai laissé à Kano
« un domestique malade qui ne peut pas voya-
« ger; mais à tout événement, il faut que j'aie
« la lettre envoyée par le cheikh du Bornou
« à Bello. »

Je fus très-mal toute la journée; cependant j'allai, dans l'après-midi, faire une visite à Atégo, frère de Bello; je lui donnai une chaîne dorée, une paire de ciseaux et quelques clous de girofle. Sa maison est un peu éloignée de la mienne; de sorte que je fus si fatigué, que je crus que je ne vivrais pas jusqu'au lendemain.

Dimanche 29. Ce matin, j'ai vu le sultan; il était assis dans son appartement intérieur; il avait devant lui la traduction arabe d'Euclide, dont je lui avais fait présent. Il me dit que sa famille avait possédé un Euclide, qu'un de leurs parents avait apporté de la Mecque; mais que ce livre avait péri dans l'incendie qui l'année dernière avait détruit une partie de sa maison. Il ajouta qu'il était extrêmement obligé au roi d'Angleterre de l'avoir gratifié d'un don si précieux. Après qu'il m'eut adressé quelques questions générales, je sortis avec le gadado. Arrivé dans la maison de celui-ci, nous ne fûmes pas plus tôt assis, que je lui exprimai mon vif désir d'obtenir une copie de la lettre du cheikh du Bornou, dont Sidi-Cheikh m'avait parlé, parce qu'il était important pour moi d'être guidé dans le choix que je devais faire de la route que j'avais à prendre pour retourner dans ma patrie. Le gadado me répondit qu'il ignorait qu'une telle lettre eût été écrite; que c'était fort mal à Sidi-Cheikh de m'avoir raconté une semblable histoire. Il ajouta qu'il y avait là-dessous quelque malentendu; mais que, pour me délivrer de mon inquiétude sur ce sujet, il s'informerait de la vérité, et me communiquerait demain le résultat de ses recherches.

CHAPITRE VI.

Lundi 30. Pendant toute la nuit j'ai tant souffert de ma douleur au côté, que je n'ai pu fermer l'œil un seul instant.

A midi, le gadado vint et me dit qu'il allait se rendre avec moi chez le sultan; quoique très-malade, je l'accompagnai. Nous fûmes introduits immédiatement dans l'appartement du sultan, qui lisait; quand nous entrâmes, il posa son livre à côté de lui, et commença de lui-même la conversation sur la lettre. « Cer-
« tainement, dit-il, j'ai reçu une telle lettre;
« mais elle ne portait pas la signature du cheikh;
« toutefois il paraît qu'elle avait été écrite avec
« son autorisation par Hadji Mohamed Bou-
« tabli, un saint homme: on m'engageait à
« dire que tu étais un espion, et à ne pas te
« permettre d'aller au-delà de Sackatou; on
« me faisait entendre qu'il vaudrait mieux que
« tu mourusses, parce que les Anglais avaient
« pris possession de l'Inde, en y entrant d'a-
« bord un à un, puis deux à deux, jusqu'à ce
« qu'ils fussent assez forts pour s'emparer de
« tout le pays. » Ce fut ainsi que finit notre entretien.

Mardi 31. Je suis beaucoup mieux ce matin; l'enflure et ma douleur au côté ont singulièrement diminué; une dose de calomélas que j'ai prise a produit son effet; mais j'ai jugé qu'il était prudent de ne pas sortir de toute la journée. Le sultan et le gadado ont envoyé demander de mes nouvelles.

Mercredi 1er novembre. Temps clair. Magaria devient une ville considérable; auparavant elle était extrêmement irrégulière; maintenant les habitants de tous les villages, à une distance considérable, ont reçu l'ordre de venir y demeurer. Toutes les maisons sont alignées convenablement; le groupe de cabanes de chaque habitant est entouré d'une clôture de nattes; presque tous les espaces vides sont remplis de maisons ou d'enclos pour le bétail. On a construit un nouveau mur, suivant la méthode actuelle employée au Gouber de fortifier les villes; c'est de bâtir un mur peu élevé avec un fossé profond en dehors; on place le long du mur une palissade de pieux grossièrement taillés, que l'on fixe solidement dans une position perpendiculaire, et par les ouvertures de laquelle les habitants peuvent tirer leurs flèches ou leurs fusils, quand ils en ont. Ce nouveau mur n'était pas entièrement achevé à mon arrivée; mais, comme tout homme possédant une maison dans la ville devait supporter sa part des travaux, et que tout personnage considérable occupant un emploi sous le sultan devait surveiller la partie des ouvrages la plus voisine de sa demeure, et employer ses esclaves et ses domestiques à apporter du bois et d'autres matériaux, la besogne avançait rapidement.

Ce soir, on a reçu un courrier de la ville la plus voisine, située dans la province de Zamfra; il apporte la nouvelle qu'Aleva, sultan rebelle du Gouber, était mort d'une blessure que lui avait faite au côté un coup de flèche, quand nous attaquâmes Counia. Cet événement amènera-t-il une réconciliation entre Bello et les révoltés? je l'ignore.

Jeudi 2. Temps chaud, nuages légers et mobiles. Le djama, ou la mosquée de Magaria, n'est qu'un bâtiment temporaire. J'ai souvent eu l'occasion de voir ces gens à leur prière, puisqu'il n'y a autour de ce temple qu'une enceinte carrée de nattes soutenues par des pieux, et ouverte d'un seul côté qui est l'est. L'iman ou prêtre se tient debout, en avant, à une certaine distance; les fidèles sont rangés én lignes derrière lui. Il récite la prière; les autres la répètent en même temps, mais mentalement; ils ont l'air très-recueilli, se mettent à genoux et inclinent la tête.

Ce matin, le prince Atégo m'a fait une longue visite; il a été extrêmement poli. Enfin il m'a avoué qu'il souffrait d'une maladie dont il m'a parlé comme très-commune dans le pays. Je lui ai recommandé de boire beaucoup d'eau de riz, de s'abstenir de poivre et d'épices, et de ne pas voir trop souvent ses femmes, enfin de mettre un chapeau quand il sortirait à cheval. Je lui donnai aussi une dose de calomélas, et je lui recommandai de mêler du natron dans ses aliments.

Le henné ou salli avec lequel on teint les mains et les pieds, se fait avec les feuilles de l'arbrisseau de ce nom (1). On les réduit en poudre, que l'on mêle avec de l'eau, et on en forme une pâte dont on applique une couche épaisse sur la partie que l'on veut teindre, et on l'enveloppe de feuilles de calebasse pour la maintenir en place. En voyant un homme avec les mains et les pieds ainsi

---

(1) C'est le *lawsonia inermis*.

empaquetés, sans savoir qu'il sacrifie sa commodité au désir de se faire beau, on est tenté de s'apitoyer sur son triste état, parce qu'on s'imagine qu'il a fait une chute, et qu'il a ses mains et ses pieds tellement meurtris, qu'il a fallu les entourer de cataplasmes pour diminuer l'inflammation. Il y a des gens qui poussent la recherche au point de se faire teindre tous les trois jours.

Vendredi 3. Les nègres et la plupart des Arabes sont des joueurs déterminés, quoique le jeu soit sévèrement défendu par les lois des Fellatah; celui qu'ils aiment le mieux est le tchatcha : le nombre des joueurs n'est pas déterminé : on le joue avec des cauris; on y consacre ordinairement la nuit; on s'y adonne avec tant d'ardeur, qu'il n'est pas rare de voir un homme mettre au jeu sa culotte et tous ses vêtements. Je ne me serais jamais douté de l'existence de ce passe-temps, si un de mes domestiques nommé Micama, natif de Zinder dans le Bornou, n'était pas revenu la nuit dernière sans son tobé. Ce matin, lui ayant déclaré positivement qu'il n'entrerait pas chez moi dans cet état, il allégua la grande chaleur, et se rejeta sur d'autres excuses que je ne pus admettre. Les autres domestiques m'apprirent alors où il était allé, ajoutant qu'il était fort adroit au jeu, et ne pouvait s'abstenir d'y prendre part, quand il voyait que d'autres y étaient occupés. Je lui avançai de l'argent pour acheter un autre tobé, et je lui dis en même temps que, si j'apprenais jamais qu'il jouât de nouveau, je le livrerais aux Fellatah, qui punissent de mort, ou d'une manière qui s'en rapproche beaucoup, quiconque est pris jouant ce jeu.

L'après-midi, je pris congé du sultan, qui part ce soir pour Sackatou.

Jeudi 4. Matinée fraîche et claire. Le sultan était resté, il ne s'est mis en route qu'aujourd'hui à trois heures après-midi. J'allai veiller à ce que le chronomètre fût disposé convenablement pour supporter la route sans accident. Cette pièce est regardée comme la chose la plus précieuse que possède le sultan : beaucoup de gens arrivent de fort loin pour l'entendre sonner. Une des montres d'or est déjà gâtée; j'ai donné en échange ma montre d'argent à Atégo, et certes j'ai fait un mauvais marché. Si le sultan ne m'en avait pas prié, je n'y aurais jamais consenti, parce qu'elle n'avait pas varié depuis mon départ d'Angleterre.

Dimanche 5. Ayant été très-mal toute la nuit, je ne suis point parti ce matin. Je me suis procuré un autre chameau, et j'ai chargé un Touarik de m'en acheter encore un; parce que ces animaux coûtent ici 2,000 cauris de moins qu'à Kano.

Lundi 6. Temps clair et frais. A six heures du matin je suis parti de Magaria; je voyageai sur mon nouveau chameau, dont la charge n'était pas forte; d'ailleurs je n'avais pas de cheval. A onze heures je m'arrêtai pendant une heure près d'une fontaine. A deux heures j'arrivai à Sackatou.

Mardi 7. Vers midi je suis allé chez le sultan: à sa demande, je montrai à un de ses domestiques la manière de monter le garde-temps, qui marche pendant huit jours. L'après-midi, je reçus la visite de trois Fellatah: Hadji Omar du Fouta Tora; Malem Mohamed de Timbouctou; le troisième, d'une ville voisine de celle-ci. Malem Mohamed me dit que tout le territoire nommé Timbouctou, est actuellement soumis à l'autorité des Touarik; que la ville principale porte le nom de Timbouctou ; que l'or y vient de l'Achanti, du Gondja et du Bambarra; on l'échange contre du sel avec les Touarik, et contre des toiles avec les habitants de Fez, de Ghadamès et de Tripoli. Timbouctou ne produit pas d'or; ce n'est que le grand marché où toutes les caravanes du nord et de l'est rencontrent celles du sud et de l'ouest; il y vient actuellement peu d'Arabes de Fez et de Maroc, parce que les Oualed Dleim, Arabes nomades du désert, attaquent les caravanes, suivant le récit de Malem Mohamed.

Hadji Omar, homme très-intelligent, me raconta que Mungo Park était arrivé à Ségo avec quarante hommes ; sur ce nombre trente-cinq étaient morts de maladie ; de sorte que cinq seulement s'étaient embarqués dans la pirogue que lui avait donnée le sultan de Ségo. Ils furent attaqués à plusieurs reprises par les Touarik, dont ils tuèrent un grand nombre. Hadji Omar ne put pas me dire si aucun ni combien des hommes de la pirogue avaient perdu la vie. Ce Hadji était revenu récemment de la Mecque ; il désirait y retourner, s'il en trouvait l'occasion ; mais le sultan du Baghermi ayant, ainsi que ses sujets, été repoussés dans les montagnes, au sud de ce royaume, par le cheikh el Kanemi, il n'y avait pas de possibilité de traverser ce pays, puisqu'il n'était habité maintenant que par des Arabes nomades, qui pillaient tout ce qui leur tombait sous la main; autrement, c'était le meilleur chemin pour aller dans l'est en partant de l'Adamowa, de passer par le Baghermi.

Vendredi 20. Ces deux derniers jours, j'ai été très-mal, mon spleen a augmenté.

Sackatou a été bâti par Cheikh Othman, connu ordinairement sous le nom de Danfodio (docte fils de Fodio). Il était très-versé dans la connaissance des langues, sachant la plupart de celles de l'intérieur, qu'il parlait couramment. Il possédait toute la science des Arabes; mais ce qui était bien plus important pour lui, on croyait fermement qu'il était prophète; cette opinion continue à être en vogue, et acquiert d'autant plus de force que les Arabes deviennent plus puissants. Il sortit des forêts de l'Ader ou Tadéla, s'établit et bâtit une ville dans la province de Gouber; les Fellatah commencèrent à s'y réunir autour de lui; il ne tarda pas à se mêler des affaires du sultan du Gouber, il disait qu'il était convenable de faire telle chose et de ne pas faire telle autre. Comme ce ton ne plaisait ni au sultan, ni aux habitants du Gouber, Danfodio et tout son monde reçurent l'injonction de sortir du pays. Il refusa d'obéir à cet ordre; alors les Gouberi se levèrent et les expulsèrent. Danfodio s'établit de nouveau dans l'Ader, mais ne rentra pas dans les bois, il fonda une ville; les Fellatah de tous les pays, s'étant rassemblés autour de lui, il les partagea sous différents chefs, à chacun desquels il remit un drapeau blanc, et leur dit d'aller et de conquérir au nom de Dieu et du Prophète, Dieu ayant donné aux Fellatah les pays et les richesses de tous les Kaffirs, parce que les Fellatah étaient les seuls vrais croyants.

Indépendamment de leur drapeau blanc, les Fellatah devaient porter un tobé blanc, comme un symbole de leur pureté; leur cri de guerre devait être : *Allah akbar!* (Dieu est grand). Tout Fellatah qui était blessé ou périssait dans la mêlée, était sûr d'obtenir le paradis. Leur croyance en Dafodio, comme prophète, leur pauvreté, leur nombre, l'apparence de richesse des nègres, qui avaient été bercés dans une sécurité funeste, rendirent ces derniers une proie facile pour leurs conquérants. Le Kano se soumit sans coup férir; vint ensuite le tour du Gouber; les habitants de ce pays ayant pris l'alarme, essayèrent de chasser Danfodio de sa ville de l'Ader, mais ils furent repoussés. Le vieux et rusé chef les attaqua dans cette conjoncture, envahit leur pays et tua le sultan. Ensuite tout le Haoussa, le Cobbi, l'Youri, et une partie du Nyffé, tombèrent au pouvoir des Fellatah. Tout l'intérieur, de l'orient à l'occident, fut frappé de terreur. Le Bornou, dans l'est, et l'Yourriba, dans l'ouest, furent assaillis avec succès : mais les Fellatah trouvèrent plus de résistance dans ce dernier pays que partout ailleurs, parce que les Youribani ne purent être amenés à croire à la doctrine ou à la mission prophétique de Danfodio; c'étaient des Kaffirs invétérés, qui, à la première irruption des Fellatah, firent mourir tous les musulmans, tant indigènes que marchands appartenant aux caravanes; ils niaient la maxime que Dieu eût donné aux vrais croyants leur pays et leurs maisons, ainsi que leurs femmes et leurs enfants pour en faire des esclaves. Cependant les Fellatah prirent Rakah, Elora ou Affaga, et un grand nombre d'autres villes, et poussèrent leurs expéditions jusqu'à la côte maritime; ils entrèrent une fois dans Katunga, en brûlèrent une grande partie, rendirent la liberté à tous les esclaves musulmans, et encouragèrent les autres à se joindre à eux et à tuer leurs maîtres païens. Après qu'ils se furent bien établis, les Arabes de l'orient et de l'occident vinrent féliciter Danfodio du territoire qu'il avait récemment acquis. Un grand nombre de ses compatriotes accoururent dans le Haoussa pour s'y fixer; il les plaça principalement dans la province du Zegzeg, où il leur donna les terres et les maisons des nègres qui s'étaient enfuis dans les montagnes et les parties inaccessibles, situées dans le sud du pays. Il fit, aux Arabes de Tripoli et du Fezzan, des présents considérables en esclaves et en chameaux; aucun ne fut renvoyé les mains vides. Sa renommée se répandit partout. Des flots d'Arabes arrivèrent auprès de lui; ils passaient chez lui pour des schérifs; ils partaient rarement avec moins d'une centaine d'esclaves, des chameaux et des provisions.

Avant que Danfodio eût réuni les Fellatah ou Foulahs sous son gouvernement, ce peuple

CHAPITRE VI.

n'habitait pas des villes; il vivait épars dans la plus grande partie du Soudan, où il s'occupait à élever des troupeaux de bétail; il demeurait dans des cabanes temporaires, généralement au milieu des forêts peu fréquentées, et ne visitait que rarement les villes. C'étaient les femmes qui y allaient pour porter au marché les produits des troupeaux. On dit que les hommes menaient une vie religieuse et pure, passant la plus grande partie de leur temps à lire le koran et d'autres livres de piété. De temps en temps, quelques-uns de leurs hommes doctes sortaient de la solitude et s'engageaient pour un petit nombre d'années, avec les sultans et les gouverneurs musulmans. Quand ils avaient ramassé un peu d'argent, qui leur servait à acheter quelques bestiaux, ils rentraient dans les bois pour rejoindre leurs compatriotes, qui se transportaient d'une province dans une autre, selon les saisons et selon la nature et la qualité des pâturages et de l'eau; contents d'élever des cabanes temporaires, en paille et en roseaux, et d'être laissés en paix. Personne ne songeait à les troubler, ou à se mêler de leurs occupations, qui étaient, probablement, jugées trop méprisables ou trop peu intéressantes pour exciter aucune crainte. Ainsi dispersés, personne ne pouvait connaître ni deviner leur nombre. Le Melli, ou les petits royaumes de Fouta Tora, Fouta Bonda, et Fouta Diella, étaient les cantons d'où ils se répandirent à l'est, jusqu'au temps où ils devinrent très-nombreux dans tous les pays situés entre les contrées qui viennent d'être nommées et l'Ouadey. Beaucoup d'entr'eux avaient fait le pélerinage de la Mecque; d'autres avaient visité les empires de Turquie et de Maroc, ainsi que les régences d'Alger, Tunis et Tripoli; ils en rapportaient tous les livres arabes qu'ils avaient pu obtenir en don ou acheter.

L'an de l'hégire 1218, le vieux Malem-Cheikh Othman Danfodio, cheikh du Koran, devint fou; cette aliénation mentale, dont le fanatisme religieux était la cause, dura, dit-on, jusqu'à sa mort qui arriva quelques années après. Ce conquérant Fellatah avait été surnommé cheïkh du Koran, parce qu'il possédait parfaitement ce livre; non-seulement il savait le lire, ainsi que tous les commentaires dont il a été l'objet, mais il en pouvait répéter tel ou tel passage et l'expliquer de mémoire. De son temps et aussi depuis lui, les lois du Koran ont été observées si strictement, tant parmi les Fellatah que parmi les nègres et les Arabes; et tout le pays, quand la guerre ne le bouleversait pas, était si bien réglé, que l'on disait communément, qu'une femme pouvait voyager sûrement avec un panier d'or sur la tête, d'une extrémité des états Fellatah à l'autre.

La folie de Danfodio prit une tournure fâcheuse. Dans le milieu d'une attaque, il ne cessait de s'écrier qu'il irait en enfer, pour avoir fait périr tant de bons musulmans. Les Arabes en profitaient pour lui dire que certainement il serait damné, à moins qu'il ne fît pénitence en leur donnant des présents pour apaiser les mânes de leurs amis. Il n'en était pas de même des Fellatah; ils avaient une si grande vénération pour leur chef, que lorsqu'on lui rasait la tête, ses cheveux étaient ramassés soigneusement et conservés dans des boîtes d'or et d'argent; tous ses adhérents, soit nègres, soit Fellatah, venaient de toutes les parties de l'intérieur pour le voir.

A sa mort, son fils Mohamed Bello, le sultan actuel, régna sur le royaume que son père avait conquis; mais la partie de ses états à l'ouest du Haoussa, tomba en partage à Mohamed Ben Abdallah, fils de son frère. Bello eut le Haoussa avec tous les pays au sud et à l'est. Atégo, frère de père et de mère de Bello, essaya de s'emparer de ces derniers, à la mort de Danfodio; mais vaincu par son frère, il fut confiné pendant un an dans sa maison; aujourd'hui ils sont aussi bons amis que jamais.

Bello agrandit les murs de Sackatou, qui est aujourd'hui la ville la plus considérable et la plus peuplée que j'aie vue dans l'intérieur. Tous les enfants que Danfodio a eus de ses différentes femmes et concubines, y vivent tranquillement et sans éclat, excepté Atégo, qui est un homme médiocre, mais tient un grand état.

A la mort de Danfodio, l'an 1232 de l'hégire (1816 de J.-C.), le Gouber, le Zamfra, une partie du Cachenah et du Zegzeg, secouèrent le joug des Fellatah; tous ceux sur lesquels on put mettre la main furent égorgés. Depuis cette époque, Bello a repris presque tout le Gouber: une partie du Zamfra, du Gouari et du Cobbi, la partie méridionale du Cachenah, ont fait leur paix, mais à condition qu'ils seront gouvernés par des chefs indigènes, et que les Fellatah ne se mêleront pas de leurs affaires. Depuis mon arrivée, Bello a aussi recouvré la plus grande partie du Nyffé. Depuis 1822, l'Youri s'est joint à l'insurrection; il y a été forcé par les Zamfrani, qui, dans tous les temps, peuvent commander cette province, si elle n'est pas soutenue par le Cobbi et par Sackatou. Le gouverneur doit être héréditaire en ligne directe, à la différence de la plupart des autres provinces et royaumes de l'intérieur, où le parent le plus proche succède toujours.

Sackatou est situé sur le sommet d'une colline basse, ou terrain élevé; une rivière passe à peu de distance du mur septentrional; elle est formée par la réunion de plusieurs autres qui prennent leur source au sud du Cachenah, et passe à Zirmie; au-delà de Sackatou elle traverse le territoire de Cobbi, en se dirigeant au sud-ouest, et se joint au Kouarra, à quatre journées de distance. Elle abonde en poissons qui fournissent, aux habitants pauvres de Sackatou, une partie considérable de leur nourriture. Cette ville est entourée d'un mur haut de vingt-quatre pieds, et d'un fossé sec; le mur est en bon état, j'ai déjà parlé des portes. Les murs en terre qui enceignent toutes les villes d'Afrique, les groupes de cabanes et même les couzies isolés, leur donnent un aspect fort triste, n'importe qu'elles soient païennes ou musulmanes; elles ne sont animées que par le grand nombre d'esclaves qui vont et viennent, ou qui restent à ne rien faire, couchés à l'ombre aux portes des grands personnages. Une bonne partie de la ville, en dedans des murs, pourrait être prise pour une suite de jardins mal enclos.

La maison du sultan est entourée d'un mur en terre, haut d'une vingtaine de pieds; il a deux entrées en forme de tours, l'une à l'est, l'autre à l'ouest; la première est gardée uniquement par des eunuques, probablement parce que le harem est de ce côté. Cette habitation forme une sorte de petite ville; car il s'y trouve cinq cours carrées, une petite mosquée, un grand nombre de cabanes et un jardin, indépendamment d'une maison qui ne consiste qu'en une seule pièce; c'est là que le sultan écoute les plaintes, reçoit les visites, et donne audience aux étrangers; c'est tout bonnement ce que dans notre pays nous appellerions un hangar. Deux grands piliers supportent une solive ou un paquet de longues perches recouvertes d'argile; sur celle-ci reposent les chevrons, qui sont faits de branches de palmier; dans le fond de la pièce il y a quelque chose qui imite une cheminée avec un écran par devant; de chaque côté sont placées deux chaises, qui sont aussi enduites d'argile et peintes en couleur d'acajou. Les ornements ou les figures du dos de ces chaises sont les mêmes que l'on voit sur un grand nombre de ces meubles en Angleterre, et correspondent à ceux de l'écran. Les murs sont décorés en partie à l'européenne, en partie à l'africaine; il y a deux portes, l'une sur le devant à droite, l'autre à l'extrémité gauche du bâtiment : celle-ci mène, par une ruelle bordée de couzies, à une grande maison à deux portes; au-delà, et à quelques pas de celle-ci, s'élève une grande tour carrée, en terre, avec une entrée à l'ouest; l'intérieur ressemble à celui de la plupart des maisons des grands personnages du Haoussa. Il a la forme d'un dôme composé de huit arceaux qui s'élèvent du sol, et au centre duquel on voit un grand bassin de cuivre qui, en quelque sorte, tient lieu de clef de voûte à ces arceaux qui sont faits en branches d'arbre, recouvertes d'un enduit de terre. Si je n'avais pas vu les Haoussani construire les arceaux et les piliers d'une mosquée, j'aurais supposé qu'ils étaient entièrement en terre, car nulle part le bois ne se montre. L'argile sert à empêcher les fourmis blanches de détruire le bois; quand elle est encore humide, ils y font divers ornements à leur manière, au moyen de leurs doigts et d'une petite baguette carrée. A peu près à un tiers de l'espace en hauteur, une galerie court tout autour de l'intérieur, elle a une balustrade avec des piliers en bois, recouverts et ornés en terre. Trois degrés mènent à cette galerie, d'où l'on peut tout voir et tout entendre dans le dôme. Des passages mènent de là dans de petites pièces ayant chacune une fenêtre, ou trou carré; les unes paraissent servir de magasins, d'autres de chambres à coucher. Le sol du dôme était couvert de sable blanc fort propre; sa hauteur, depuis le sol jusqu'au bassin, au centre des arceaux, peut être de trente-cinq à quarante pieds; l'air y était frais et agréable; Bello me dit que souvent il y venait faire la lecture pendant la chaleur du jour. De tous les appartements que j'ai vus dans l'enceinte du palais, ces deux-là méritent seuls d'être cités. Une nuit qu'il m'envoya chercher, à une heure assez avancée, je fus conduit par la main à travers plusieurs appartements, par une vieille femme; avant d'arriver à celui où il se tenait, comme il n'y avait pas de lumière, je ne pus juger que parce que je me baissais, puis montais et descendais par des portes et des galeries, que je passais dans de grands appartements qui donnaient les uns dans les autres.

Les maisons de son frère et des autres grands personnages sont à peu près sur le même plan, mais d'après une échelle bien moindre. Un grand nombre des maisons les plus chétives, n'est enclos que de nattes faites des tiges du millet ou du dourrah. Devant la façade occidentale du palais du sultan, il y a une vaste place de figure irrégulière; la principale mosquée est dans sa partie occidentale; il y a aussi une prison dont le bâtiment a une longueur de quatre-vingts pieds et une largeur à peu près égale; il est couvert d'un toit en terre, défendu par des branchages. Dans l'intérieur se trouve un puits profond dans lequel on renferme les malfaiteurs qui ont commis les plus grands crimes. Personne n'est jamais emprisonné pour dette; on n'incarcère que les voleurs, les prisonniers de guerre pris isolément, tels que les espions, les esclaves désobeissants ; si l'on se plaint au sultan qu'ils ne veulent pas travailler, il les fait empoigner. Ils n'ont pour toute nourriture que le son du millet ou du dourrah et de l'eau; mais leurs parents peuvent, s'ils en ont les moyens, leur apporter à manger. Cette prison est un lieu fort sale, et la terreur des esclaves de Sackatou. Tous les jours les prisonniers sont menés deux à deux pour travailler aux murs de la ville, ou à tout autre ouvrage pénible qui peut se présenter.

Une autre maison et le tombeau du sultan sont plus loin à l'ouest de la mosquée, et le long du côté septentrional d'une large rue qui conduit à la porte occidentale. Cette maison est habitée par les veuves et les concubines du sultan, et par son plus jeune fils Abdelkader, qui n'est pas encore arrivé à l'âge d'avoir sa maison particulière. La tente du cheikh est en dedans de l'enceinte carrée, derrière l'appartement où il avait coutume de demeurer de son vivant. Tous les musulmans étrangers viennent la visiter, comme un lieu saint, qui doit leur procurer la jouissance de tous les biens de ce monde, et du monde à venir.

CHAPITRE VI.

Voici les occupations ordinaires des Fellatah de la haute classe, et même je pourrais dire de toutes. Ils se lèvent au point du jour, se lavent et récitent leurs prières, en comptant les grains de leur chapelet pendant une demi-heure, puis mâchent une noix de gouro, s'ils en ont; ensuite ils boivent plusieurs coups de senkie ou de ferro-ferrocou. Ce sont des préparations de fleurs de dourrah à moitié bouillies; on les mêle avec de la farine sèche, on en fait des pelotes d'environ une livre. Le senkie est une de ces pelotes écrasée et délayée dans du lait; le ferro-ferrocou est seulement délayé dans de l'eau. Vers dix heures, on mange du riz bouilli, assaisonné d'un peu de beurre fondu. Ensuite on fait des visites, ou bien on paresse à l'ombre, on écoute des nouvelles, on répète des prières, on compte les grains du chapelet; cela occupe le temps jusqu'au coucher du soleil; alors on a un repas de poudding, avec un peu de viande à l'étuvée et de jus, ou quelques petits poissons; après cela, on va se coucher.

Au printemps et au temps de la moisson, les propriétaires de biens ruraux vont à cheval dans leurs villages pour examiner leur grain, leur coton, leur indigo, etc., ou bien aux lieux où sont leurs bestiaux. Les occupations des gens de la classe inférieure qui ne font pas le commerce, sont à peu près les mêmes que celles de leurs supérieurs; leur nourriture est un peu différente, car elle se borne principalement au ferro-ferrocou. Les gens considérables paraissent tous avoir le nombre de femmes prescrit par le Koran, qui est de quatre, et autant de concubines qu'ils peuvent s'en procurer ou en nourrir. Les femmes s'occupent principalement de diriger les esclaves de leur sexe dans leur travail, préparent le repas de leur mari; nettoient et filent du coton, arrangent leurs cheveux, leurs dents, leurs sourcils et leurs cils, ce qui ne leur prend pas peu de temps. Elles ont également le soin d'envoyer au marché ces mêmes esclaves, pour vendre le coton dont elles ne font pas usage, du grain, du ferro-ferrocou, du millet, des gâteaux frits dans le beurre, du poisson frit, qui ordinairement a été pêché par les jeunes esclaves mâles; enfin ces femmes font des visites et en reçoivent, car ce sont de grandes babillardes et elles aiment beaucoup les commérages. Elles jouissent de plus de liberté que les autres femmes musulmanes.

Les hommes ont pour coiffure un bonnet rouge avec une touffe de soie bleue, un turban blanc dont un pli ombrage les sourcils et les yeux, un autre pli tombe sur le nez, couvre la bouche et le menton, et pend sur la poitrine : leur vêtement consiste en une chemise blanche, serrée sur la poitrine et à pans courts, un ample tobé blanc, un pantalon de même couleur et bordé de soie rouge ou verte; une paire de sandales ou des bottes; voilà comme sont vêtus la plupart des habitants aisés. En voyage, ils mettent par dessus le turban un chapeau de paille à larges bords, et à forme ronde et basse. Ceux qui ne se piquent ni d'une grande sainteté, ni de beaucoup de science, portent des robes de toile à carreau et des turbans bleus dont les bouts pendent par derrière; les pauvres ont un tobé blanc bigarré, un bonnet, un pantalon de même couleur, et des sandales; quelques-uns se contentent du chapeau de paille, mais tous ont un sabre suspendu à l'épaule gauche.

Les femmes portent une pagne à raies bleues,

blanches et rouges, qui tombe jusqu'à la cheville, des anneaux d'argent d'un pouce et demi de diamètre aux oreilles, des bracelets en corne, en verroterie, en laiton, en cuivre, ou en argent, suivant la qualité de celle qui s'en pare; autour du cou, des cordons de verroterie ou de corail; autour des chevilles, des anneaux de laiton, de cuivre ou d'argent, et quelquefois des bagues aux orteils et aux doigts. L'ornement à la mode est une piastre forte soudée solidement à un anneau. Les femmes pauvres ont des anneaux d'étain, de laiton et de cuivre. Les cheveux sont généralement arrangés en crête sur le sommet de la tête, avec une espèce de petite queue qui pend de chaque extrémité, un peu derrière les oreilles.

Quelques femmes fellatah ont leurs cheveux frisés par le bout, tout autour de la tête; d'autres les ont tressés en quatre petites nattes qui font le tour de la tête comme un ruban ou un bandeau. Tout cela est bien enduit d'indigo ou de choumri. Le rasoir est employé pour unir toutes les parties inégales, et donner au front une formée arquée, haute et bien dessinée; on diminue la largeur du sourcil, de manière à ne laisser qu'une ligne mince qui, de même que les cils, est frottée avec du minerai de plomb réduit en poudre; ce qui se fait en tirant par dessus une petite plume trempée dans le minéral. Les dents sont teintes avec de la noix de gouro, et une racine d'une couleur rouge brillante; les mains et les pieds, les ongles des doigts et des orteils sont teints en rouge avec le henné. Une dame ainsi ajustée peut se présenter dans les meilleures sociétés. Le miroir est un morceau de métal, de forme circulaire, d'un pouce et demi de diamètre, placé dans une petite boîte de peau; on le consulte souvent. Les jeunes filles d'un rang élevé, parvenues à l'âge de neuf à dix ans, s'habillent à peu près comme leurs mères; avant cet âge, elles n'ont guère d'autre vêtement que le binta ou tablier, avec une découpure tout à l'entour en toile rouge, et deux longues bandes découpées de la même manière, qui pendent par derrière jusqu'aux talons. C'est ainsi que s'habillent les filles de la classe pauvre, jusqu'à ce qu'elles deviennent nubiles, et aussi la plupart de celles qui sont esclaves.

Les mariages se célèbrent sans pompe ni

bruit. On m'a dit que la fille est toujours consultée par ses parents, mais on n'en a pas encore entendu une seule prononcer un refus. Les gens de la classe pauvre en usent à peu près de la même manière; c'est-à-dire qu'après avoir obtenu leur consentement mutuel, ils demandent celui de leurs parents. Le douaire donné par un homme riche consiste en jeunes femmes esclaves, calebasses sculptées et montées, remplies de millet, de dourrah et de riz, pagnes, bracelets et tout ce qui tient à la toilette, un ou deux grands mortiers pour battre le grain, des pierres pour le moudre, etc.; tous ces objets sont portés avec apparat sur la tête des femmes esclaves, quand leur maîtresse va pour la première fois à la maison de son mari.

On dit que dans le cas où un homme couche, ou bien a des rapports intimes avec une des filles données en douaire à sa femme, il doit la remplacer, le lendemain, par une esclave vierge, de valeur égale. Cela n'occasione jamais de dispute entre les parties.

Je n'ai jamais vu comment on enterrait les morts; mais on m'a dit que c'était derrière la maison que le défunt occupait de son vivant.

Le lendemain tous ses parents et ses amis vont chez le chef de la famille, et ils restent assis pendant quelques moments. Quand le mari meurt, la veuve retourne chez ses parents avec la dot qu'elle a apportée.

Les esclaves domestiques sont généralement bien traités. Lorsque les hommes arrivent à l'âge de dix-huit ou dix-neuf ans, on leur donne une femme en mariage; et leur maître les envoie demeurer à la campagne, dans un de ses villages, où les nouveaux époux se construisent une cabane : il les nourrit jusqu'au temps de la moisson. L'époque de labourer et de semer étant arrivée, il leur fait connaître ce dont il a besoin et ce qu'ils doivent cultiver; il leur permet alors d'enclore une portion de terrain pour eux et leur famille. Ils travaillent pour lui depuis le commencement du jour jusqu'à midi; le reste de la journée leur appartient; ils peuvent l'employer comme bon leur semble. Au temps de la récolte, quand on coupe et lie les tiges, chaque esclave reçoit pour lui un paquet de différentes espèces de grains, ce qui lui fait à peu près un de nos boisseaux. Le grain qu'il recueille sur son terrain particulier est entièrement à lui; il peut en disposer comme il lui plaît. Dans la saison où l'on ne travaille pas, l'esclave est tenu d'obéir aux ordres de son maître, soit pour l'accompagner dans un voyage, soit pour aller à la guerre s'il l'ordonne.

Les enfants d'un esclave le sont également; quand ils sont parvenus à un âge convenable, on les envoie garder les chèvres et les moutons, et plus tard, les bœufs et le gros bétail. Ensuite le maître les prend chez lui pour soigner ses chevaux et ses affaires de l'intérieur, aussi long-temps qu'ils ne sont pas mariés. Les esclaves domestiques sont nourris de même que le reste de la famille, et semblent être sur le pied de l'égalité avec elle.

Les enfants des esclaves, soit que ceux-ci demeurent dans la maison ou dans une ferme, ne sont jamais vendus, à moins que leur conduite ne soit telle, qu'après plusieurs châtiments répétés, ils ne continuent à se montrer incorrigibles, de sorte que leur maître est obligé de s'en défaire. Les esclaves que l'on vend sont ceux que l'on a pris à l'ennemi, ou qui, récemment achetés et mis à l'essai, ne conviennent pas. Quand un esclave, de l'un ou de l'autre sexe, meurt sans être marié, tout ce qu'il possède revient à son maître. Les enfants d'un esclave sont quelquefois élevés avec ceux du maître; mais cela n'arrive pas généralement.

Les esclaves de l'un et de l'autre sexe appartenant aux Fellatah riches, apprennent tous à lire et à écrire l'arabe, mais sont instruits séparément. Les enfants mâles des grands personnages sont ordinairement envoyés dans une autre ville à une certaine distance de celle où demeurent leurs parents; c'est là qu'ils reçoivent leur éducation; ils logent communément dans la maison d'un ami, et un malem a soin d'eux. Les gens des classes moyenne et inférieure envoient généralement leurs enfants à l'école, pendant une heure au point du jour, et autant au coucher du soleil; les enfants lisent leur leçon d'arabe à haute voix et ensemble; ils sont tenus de l'apprendre par cœur avant qu'elle soit effacée du tableau sur lequel elle est écrite. L'eau qui a servi à la faire disparaître est bue par les écoliers, lorsque le maître en écrit une nouvelle sur la planche.

Le gouvernement des Fallatah du Soudan est dans son enfance; mais dans son état actuel, qui probablement continuera, c'est un despotisme parfait. Le pouvoir fut laissé, par testament, à Mohamed Bello, qui était le fils aîné de Cheikh Othman; et à sa mort, il doit appartenir à l'aîné de ses fils. Les gouverneurs des provinces restent en place, tant qu'il plaît au sultan; s'ils se conduisent mal, ils sont destitués; à leur mort ou à leur révocation, tout leur bien échoit au sultan. La place vacante est alors vendue au plus offrant, qui est ordinairement un proche parent, pourvu que sa fortune soit suffisante pour pousser l'enchère. Tous les emplois inférieurs dans les villes de provinces sont vendus de la même manière par les gouverneurs, qui héritent également des biens de ces officiers à leur décès ou à leur déposition.

Je ne puis dire que peu de chose des finances du Haoussa. Je sais seulement que dans la province de Kano, il n'existe pas de système régulier d'impositions. Une grande partie de ce qui s'apporte au marché est réclamée par le gouverneur, par exemple, les deux tiers des dattes et des autres fruits produits par les arbres; le propriétaire n'a droit qu'au tiers restant. Une redevance est levée également sur chaque chose qui se vend au marché; ou bien, au lieu de ce droit, on paie une certaine taxe pour chaque étal ou échoppe; on acquitte aussi un droit pour chaque tobé qui est teint en bleu et vendu : le grain n'est soumis à aucune imposition. Le Kano est la province qui donne au sultan le revenu le plus considérable; il le reçoit tous les mois en chevaux, cauris et toiles. L'Adamowa paie un tribut annuel en esclaves; le Djacoba en esclaves et en minerai de plomb; le Zegzeg en esclaves et en cauris; le Zamfra de même; le Hadiga, le Katagoum, et le Zaonima, en chevaux, bœufs et esclaves; le Cachenah en esclaves, cauris et toiles; l'Ader ou Tadela en bœufs, moutons, chameaux et une sorte de grosse toile de coton. Quand un gouverneur ou autre officier public va dans une ville, elle doit fournir à son entretien, supporter les frais de son voyage, et nourrir ses domestiques, ses chevaux, bœufs, chameaux, etc.

L'agriculture des Fellatah est assez simple. On commence par nettoyer la terre des mauvaises herbes, et on les brûle après la première chute des pluies, qui, dans le Haoussa, arrive au mois de mai. Quiconque désire enclore un terrain pour son usage, commence par en obtenir la permission du gouverneur : ensuite, s'il a des esclaves, il leur fait abattre les petits arbres et les broussailles, car on laisse sur pied les micadania, s'il s'en trouve : le bois, les broussailles et les herbes réunis en tas sont brûlés. Après la chute des premières pluies, les esclaves des deux sexes vont travailler à la terre; les hommes ont une houe à long manche, les femmes un panier, un plat, ou une calebasse remplie du grain qui doit être semé; l'homme s'avance en ligne droite, frappant de chaque côté avec sa houe, et à chaque coup soulevant un peu la terre sur deux lignes éloignées de deux à trois pieds l'une de l'autre, ce qui laisse un sentier assez large pour qu'un homme y passe; une femme le suit avec son panier et jette la graine dans les trous faits par la houe, la recouvre de terre, et la presse légèrement avec le pied.

Lorsque le dourrah, ou toute autre céréale, s'est élevé à trois ou quatre pouces au-dessus de terre, on enlève les mauvaises herbes à la houe, et on dégage la terre autour des racines; quand la plante a une hauteur de trois à quatre pieds, on remue une seconde fois la terre à la houe, on laisse les mauvaises herbes dans les sentiers; ensuite on les enlève quand on sème, entre les rangs de dourrah, du petit millet ou des calavances, ce qui arrive fréquemment. La troisième opération est d'entasser les mauvaises herbes et la terre contre les racines du dourrah, un peu avant la maturité du grain. Lorsqu'il est mûr, les esclaves vont dans les champs, arrachent les tiges par la racine, et les laissent étendues et rangées entre celles du millet; au bout de quatre ou cinq jours, on coupe les épis, on les lie en paquets, et on les transporte à la maison, où on les place sur des appentis faits de branches d'arbres, pour qu'ils y sèchent; au bout de deux ou trois jours, les épis dont on n'a pas besoin immédiatement sont portés au grenier.

Quand le dourrah commence à mûrir, il faut que les esclaves fassent constamment la garde à l'entour; ils se perchent sur des arbres ou des plates-formes, et, avec des calebasses sèches qu'ils agitent, font du bruit en même temps qu'ils crient et hurlent pour effrayer les troupes nombreuses de petits oiseaux qui viennent pour manger les grains, et qui, dans cette saison, volent par myriades, en produisant avec leurs ailes un bruissement au moment où ils s'élèvent dans l'air.

Le dourrah est très-sujet à se gâter, ce qui est causé par un insecte ailé, de couleur noire, ayant quelque ressemblance avec le pou du chameau; son odeur est fétide : si on écrase cet insecte avec les doigts, on peut à peine supporter sa puanteur, et on ne parvient pas aisément à la faire disparaître en se lavant les mains. Le millet et les calavances restent encore un mois sur pied après la récolte du dourrah.

Les tiges du dourrah atteignent à une hauteur de neuf à dix pieds; les orages de tonnerre, accompagnés de pluie et de vent, les couchent souvent, quand elles approchent de la maturité, de sorte que les racines sont soulevées au-dessus de la terre, et la plante meurt si le lendemain les esclaves ne viennent pas avec leurs houes pour butter les racines de ces tiges brisées. On se sert fréquemment de ces tiges pour enclore les maisons et pour en faire des chevrons. Quelquefois on lie en paquets les tiges des haricots et du millet, et on les donne à manger aux chameaux. Les greniers ont la forme d'une grande urne ou cruche élevée à trois pieds au-dessus du sol par des pierres; on les fait en terre mêlée de paille hachée, elles ont onze à douze pieds de hauteur, l'épaisseur de leurs flancs n'est que de quatre pouces; cependant elles peuvent, sur toute partie de leur surface, supporter le poids d'un homme; leur plus grand diamètre est de sept à huit pieds, et de trois à quatre à l'ouverture, qui a un rebord comme une jarre à large bouche; une fois remplies de grain, on les recouvre d'un chapeau conique de paille, pour écarter les oiseaux, les insectes et l'humidité. Le dourrah et le millet se conservent bien pendant deux à trois ans dans ces jarres, ensuite le grain dépérit et est détruit par les vers et les insectes. La jarre dure sept à huit ans, si l'on a soin d'en envelopper la partie inférieure de nattes pendant la saison des pluies; sans cette précaution, elle se détériore au bout de deux à trois ans.

On met les patates en terre, au commencement des pluies; le terrain a été préalablement bien nettoyé des mauvaises herbes, retourné à la houe et disposé en sillons; on a brisé les mottes de terre. On choisit pour cette culture une bonne terre végétale forte ou argileuse; ensuite on enfonce en terre, avec le plantoir, les boutures des branches ou des tiges; il s'écoule deux mois avant que les tubercules se montrent aux racines.

Quoique différent par la forme, le goût, le nom et la grosseur, le gaza ressemble assez à un petit coing; il est plus aqueux qu'une gourde, d'un blanc jaunâtre en dedans, et d'un goût qui n'a rien d'agréable; sa tige est aussi grosse que celle d'une calebasse, et a de grandes feuilles rudes comme celles de cette plante. On le multiplie et on le cultive comme la patate, et on le sème en sillons à la même époque, dans une bonne terre argileuse ou du terreau.

On récolte une quantité de froment suffisante pour en fournir à tous ceux qui dans le pays en font usage; on le sème après les pluies, quand le temps est rafraîchi : c'est toujours le long d'une rivière ou d'un petit lac qu'on le rencontre, ce qui donne la facilité de l'arroser; le grain est mûr au bout de trois mois : il est petit. Les Arabes ne l'aiment pas beaucoup, et disent qu'il fait mal à la rate, sous quelque forme qu'on le mange; le pain qu'on en fait est noir et grossier, mais cela peut venir de la manière imparfaite que l'on emploie pour le moudre et le nettoyer. On cultive aussi de l'orge, mais on n'en emploie qu'une petite quantité. Le riz est semé en longues planches : il en vient beaucoup du Seurano près de Magaria; le riz de Sackatou passe pour le meilleur du Haoussa. On élève dans les jardins des melons, des papayes, quelques figuiers et des grenadiers. On n'a pas pu parvenir à faire croître le dattier à Sackatou; partout où on l'a essayé, après s'être élevé un peu au-dessus de terre, il a pourri et est mort.

Il y a beaucoup d'arbres fruitiers sauvages, dont le principal est le micadania, ou arbre à beurre. On cultive les ognons le long des rivières ou des lacs, et on les arrose tous les jours, l'après-midi et le matin; on tire l'eau par le moyen d'un seau attaché à une corde, fixée à une grande perche placée sur un pieu perpendiculaire qui sert de pivot; l'eau, versée dans des troncs d'arbres creusés, coule vers les petits carrés où les ognons ont été semés : ils sont gros et très-bons, et ressemblent beaucoup aux ognons de Portugal. On recueille avec soin, après les pluies, les feuilles du kouka ou baobab (*adansonia*); on les fait sécher, et on en met dans toutes les soupes et les jus, auxquels elles donnent une consistance visqueuse et gélatineuse. On aime beaucoup la sauce ou la pâte qui fait une sauce, et que donnent les graines du nitta. C'est un arbre de la famille des légumineuses : on tire les graines de leur cosse, on les concasse dans un mortier de bois, on les met dans un pot avec de l'eau, et on entretient dessous un bon feu depuis le lever du soleil jusqu'à son coucher : alors on ôte le pot, où on laisse les graines jusqu'à ce qu'elles commencent à fermenter et à répandre de l'odeur ; ensuite on les porte à la rivière, ou à l'étang ou au puits, et on les lave bien avec de l'eau propre ; quand on juge qu'elles sont parfaitement nettoyées, on les étend au soleil sur des nattes, et on les couvre soigneusement pendant la nuit. Lorsqu'une seconde fermentation a lieu ou qu'elles commencent à sentir, on les broie jusqu'à ce qu'elles soient réduites en pâte. On en fait alors de petits gâteaux ronds, que l'on met sécher au soleil avant que l'on puisse s'en servir : ils ressemblent à du chocolat ; l'odeur m'en a toujours paru très-désagréable ; mais j'en trouvais le goût très-bon quand on en assaisonnait la viande ou la volaille rôtie. Les Haoussani aiment beaucoup cette préparation : ils en mangent même sans autre chose, et sans qu'elle soit cuite.

Pour cultiver l'indigo, on choisit une bonne terre argileuse forte, ou du terreau; il faut que le terrain soit placé de manière qu'il y ait de l'humidité pendant la chaleur de l'été; on l'enclot, on en ôte les mauvaises herbes que l'on brûle, on le fouit et on le retourne bien à la houe, car on n'a ni bêche ni pioche; on trace des sillons aplatis au sommet, hauts d'un pied, larges de deux, et éloignés de six à sept pouces l'un de l'autre. On sème les graines d'indigo au plantoir, au moment où les pluies viennent de commencer; on coupe les tiges tous les ans, pendant la saison pluvieuse : une plantation peut durer quatre à cinq ans sans renouveler les semences; après avoir coupé les tiges à trois ou quatre pouces de terre, on en ôte les feuilles, que l'on met en tas qui restent exposés pendant un mois à la pluie et à l'air, jusqu'à ce qu'elles fermentent : on les jette ensuite dans des auges de bois de forme ronde, profondes de deux pieds et de deux pieds de diamètre; on les y laisse jusqu'à ce qu'elles soient sèches : alors on les regarde comme bonnes pour l'usage. Au printemps, une de ces auges à indigo coûte 300 cauris; en été, le prix s'en élève jusqu'à 6 ou 700.

On cultive le coton dans les lieux bas, où la terre est en partie couverte d'eau pendant la saison des pluies, ou dans un terrain argileux, qui conserve de l'humidité dans la saison sèche. Le champ n'est ordinairement entouré que de branches épineuses, fichées en terre en guise de haie; on le travaille bien à la houe, et on brise les mottes de terre qui peuvent rester. On fait un trou à la houe, on y met la graine, et on la couvre légèrement. Si la saison est pluvieuse, le coton donne une récolte abondante; dans le cas contraire, elle est chétive : elle a lieu en décembre et en janvier. Les femmes débarrassent le coton des graines, au moyen de deux petites broches de fer, entre lesquelles il passe, sur une pierre plate couchée à terre : le coton tombe par devant, les graines par derrière. On donne celles-ci aux bœufs et aux chameaux, et elles passent pour engraisser ces animaux. Le coton ainsi nettoyé est placé autour d'une quenouille courte, légère, élégante et mince; on prend beaucoup de peine pour la façonner et l'orner. Les femmes qui filent le coton ont ordinairement de petits miroirs dans leur panier, et regardent fréquemment leurs dents et leurs yeux. Un morceau de craie ou d'argile est employé constamment pour frotter le pouce et l'index qui touchent le coton. L'occupation de filer est généralement assignée aux femmes mariées, ou à quelque vieille femme esclave pour qui on a de l'affection. Les hommes font les tissus.

Les Haoussani ont trois différentes espèces de houe : une avec un manche long de cinq pieds, et un petit pommeau fixé à l'extrémité; on s'en sert pour la culture du grain: une autre a un manche long de trois pieds, et un petit pommeau en fer à l'extrémité; enfin la troisième, nommée gilma, a un manche court et recourbé, avec un grand pommeau; on s'en sert pour tous les ouvrages pénibles, au lieu de bêche.

Les manufactures de Sackatou ne sont pas nombreuses. La principale industrie est celle de teindre en rouge et en jaune les peaux de chèvres tannées. Les peaux reçoivent la première de ces couleurs, par le moyen des feuilles du millet rouge, qui sont écrasées dans l'eau et mêlées avec du natron; quand la pâte est assez épaisse, la peau est étendue sur une table, puis frottée avec la teinture. La couleur jaune se tire de la racine d'un arbre appelé *raourga*; on la réduit également en poudre, on la mêle avec du natron et on l'étend sur la peau. Les peaux rouges passent pour être supérieures à celles qui sont teintes en cette couleur dans toute autre partie du Haoussa. Presque tous les mois, une grande quantité de peaux, tant rouges que jaunes, est portée à Kano et à Cachenah, où on en fait des coussins, des sacs, des bottes, des souliers, etc.

On fabrique aussi à Sackatou beaucoup de toile de coton blanche, tant pour fournir à la consommation de la ville que pour exporter à Kano et au Nyffé; en général celle que l'on expédie au dehors est préalablement façonnée en tobé. On fait aussi une toile appelée *narou*, qui est assez grossière; des toiles à carreau et à raies rouges, que l'on emploie pour des tobés; les femmes s'en servent comme de pagnes ou zinnies. Les ouvriers qui font ces dernières, sont généralement des Nyfféni, de même que les forgerons. Il y a des cordonniers, des bottiers, des selliers, et des ouvriers qui font des brides. Un autre objet d'exportation est la civette; l'animal qui la produit est tenu dans une cage de bois; on le nourrit de grains et de viande qu'on a broyés.

On vend quelques esclaves aux marchands de Kano, de Cachenah, de Ghadamès et de Tripoli. Un jeune homme de treize à vingt ans se vend 10,000 à 20,000 cauris; une jeune femme, si elle est très-jolie, 40,000 à 50,000; le prix ordinaire est de 30,000 pour une jeune fille vierge de quatorze à quinze ans.

Les marchandises apportées à Sackatou par les Arabes, sont les mêmes que celles dont ils font trafic dans les autres parties du Haoussa; il en est question ailleurs. Les Touarik de Billma et ceux de l'ouest viennent avec du sel; celui de ces derniers est le meilleur et le plus pur, il est en grands morceaux transparents comme de la glace. Ces mêmes peuples amènent des autruches vivantes et des peaux de ces oiseaux; mais ce dernier objet n'a pas une grande valeur, puisque la plus belle peau ne se paie que 4,000 à 5,000 cauris; ils arrivent aussi avec des chevaux qui se vendent bien;

enfin leurs chameaux sont chargés de dattes de Billma, et d'une petite quantité de marchandises qu'ils achètent des Arabes d'Aghadès.

Les choses que l'on pourrait exporter en grande quantité, s'il se trouvait des acheteurs, seraient les dents d'éléphant et les peaux de bœuf, qui, lorsqu'elles sont tannées, ne coûtent que 500 cauris ou six pences de notre monnaie (1). On pourrait se procurer beaucoup de peaux d'antilopes et d'autres bêtes sauvages, mais il est clair que leur prix augmenterait si elles étaient recherchées : il est également facile de se procurer de la gomme arabique en abondance. Les marchandises que les Haoussani prendraient en échange, seraient du drap écarlate commun, qui, dans tout l'intérieur, se paie 10,000 cauris le yard; des draps jaunes et des verts communs; du ruban de fil rouge, du fil de soie de couleur éclatante; des aiguilles à coudre, de l'espèce la plus commune; des miroirs, n'importe qu'ils fussent petits, du prix d'un penny à deux pences en Angleterre; de la faïence à figures, l'unie ne

---

(1) Cela équivaut à 60 centimes.

conviendrait pas; des écharpes de camelot rouge; des pots et de la quincaillerie; du papier à écrire de l'espèce la plus commune, mais il faudrait qu'il ne bût pas; des feuilles de fer-blanc; des anneaux de cuivre doré pour les doigts, les bras et le bas de la jambe; des boucles d'oreille; des pots de cuivre et de laiton, avec le plus grand nombre de figures possible; des tabatières les plus communes, en carton et en bois; je crois que les Arabes vendent, à Sackatou, les verroteries aussi bon marché qu'elles le sont en Angleterre.

Ces Africains ont l'apparence de la religion. Ils prient cinq fois le jour; rarement ils prennent la peine de faire leurs ablutions avant la prière, excepté le matin; mais ils font le geste de se laver, portant les mains à terre comme s'ils les trempaient dans l'eau, et marmottant une prière; ensuite ils dénouent leur caleçon, le laissent tomber, et, se tournant vers l'est, ils rabattent les manches de leur tobé sur leurs mains, ils prennent un air grave, et s'écrient à haute voix: *Allah akbar*, etc., puis s'agenouillent et touchent la terre avec le front. Cette prière achevée, ils s'asseyent sur leurs talons en s'appuyant sur la jambe et la cuisse gauche, et font passer les grains de leurs chapelets entre leurs doigts. Toutes leurs prières et leurs formules religieuses sont en arabe ; et je puis dire, sans exagération, en parlant à-la-fois des nègres et des Fellatah, que sur mille il n'y en a pas un qui comprenne ce qu'il dit. Tout ce qu'ils savent de leur religion, est de répéter leurs prières par cœur en arabe, d'abord du lever du soleil à son coucher, dans le rhamadan, et de croire fermement que les biens et les propriétés, les femmes et les enfants de tous les peuples qui diffèrent d'eux par la croyance, leur appartiennent, qu'ainsi il est légitime d'injurier, de voler, de tuer un infidèle, de quelque manière que ce soit. Je suppose qu'il y a un dixième des Fellatah qui sait lire et écrire. Ils disent qu'ils croient à la prédestination ; mais c'est une véritable plaisanterie, car aucune de leurs actions ne le prouve.

Cependant ils ajoutent foi à la divination par le livre (le Koran) et les songes, ainsi qu'aux bons et aux mauvais augures.

Mercredi 29 novembre. Ce matin le gadado m'a envoyé dire que dans deux jours le sultan irait à une petite distance au sud de Sackatou, pour fonder une nouvelle ville, et m'invitait à l'accompagner.

A midi, un incendie éclata dans le quartier occidental de la ville, et consuma près de deux cents maisons, ainsi qu'une grande quantité de grain. A trois heures, autre incendie dans la maison contiguë à celle où je loge. Je fis sortir mon bagage dans la cour, je plaçai auprès un domestique en sentinelle, et j'allai avec mes deux autres domestiques donner du secours aux femmes et aux concubines de mon ami Malem Moudie, qui était absent de Sackatou ; elles s'empressaient de transporter leurs effets dans la rue ; je les empêchai de continuer, et je fis porter ces objets dans ma cour, parce que je m'aperçus que le feu avait été presque éteint par le moyen qu'on avait pris d'abattre le toit de la maison voisine, et d'y appliquer des nattes mouillées. Les voleurs étaient nombreux ; les habitants de la maison où était le feu, perdirent beaucoup de choses. Fort heureusement il ne faisait que peu de vent, autrement plusieurs maisons auraient été la proie des flammes ; néanmoins, il y eut de la paille en feu qui fut portée à une grande distance. Mon domestique Mohamed Allah Sirkis reçut de grands éloges du gadado, pour son activité à arrêter les progrès de l'incendie. Quand tout fut fini, la femme principale de Malem Moudie m'envoya faire des compliments et des remercîments, de ce que j'avais pris soin de la maison et des effets de son mari. Il y a eu, dans le courant de la journée, trois incendies dans Sackatou. On prétend qu'ils ont été allumés par les agents des rebelles; ils attachent un fil de coton brûlant à la queue d'une espèce de buse à tête jaune, à queue jaune rougeâtre et à corps bleu, commune dans ce pays, et qui, lorsqu'on la met en liberté, va se percher sur le toit de chaume des maisons.

Vendredi 1er décembre. À quatre heures après-midi, je sortis de Sackatou par la porte du sud; un chameau portait ma tente et mon lit, ainsi qu'une petite quantité de provisions. Je traversai des champs où il y avait eu du millet, du dourrah et des haricots; le sol était composé d'argile rouge et ferme, couverte d'une couche mince de sable avec des blocs de pierre ferrugineuse argileuse, qui est souvent mêlée de cailloux blancs; quelquefois elle recouvrait un espace d'un quart de mille, comme une croûte épaisse de deux pieds à deux pieds et demi; le pays est presque entièrement dénué d'arbres, mais les villages y sont nombreux; on apercevait partout de grands troupeaux de bœufs qui retournaient à leur étable et paissaient en marchant. Le pays est montueux, avec des ravines très-escarpées et glissantes dans plusieurs endroits.

A huit heures du soir, j'arrivai au camp du sultan, qui était dans une vallée large de trois milles, et tout près d'une petite rivière qui coule à l'est de Sackatou. Cette ville est à deux milles et demi au nord-est du camp. Lorsque ma tente eut été dressée, le gadado m'envoya un mouton, et j'eus ma part d'un bœuf qu'on tua. Il n'y avait pas beaucoup de monde avec le sultan; le gadado n'avait avec lui que trois domestiques.

Samedi 2. Matinée claire et fraîche au point du jour. Je sortis à cheval avec le sultan et le gadado, pour marquer l'emplacement de la nouvelle ville; j'emportai mon fusil, ayant l'intention de chasser; après avoir parcouru deux milles vers l'est, nous fîmes halte à peu de distance de la rivière, sur le flanc d'une colline qui s'abaissait doucement vers le cours de l'eau; laissant le sultan et son ministre examiner l'emplacement de la nouvelle ville, qu'ils avaient fixé dans cet endroit, j'allai chasser. Jamais je n'avais été plus malheureux; je vis plusieurs antilopes et quelques outardes, mais je n'en pus approcher à portée de fusil. A midi, je retournai au camp.

Le sultan veut fonder cette ville, parce que les forêts, le long de la rivière, servent d'asile et de repaire aux rebelles, qui pillent les troupeaux et mettent le feu aux villages avant qu'on en puisse être informé; ensuite ils se cachent avec leur proie dans les bois. Le soir, un crieur fit le tour du camp, en engageant chacun à veiller soigneusement sur ses chameaux, ses chevaux et son bagage; à faire semblant de dormir, mais à ne pas se livrer au sommeil, parce que ce canton était rempli de voleurs; il ajouta que quiconque serait vu hors du camp, après cet avertissement, n'importe qu'il fût ou ne fût pas Fellatah, serait arrêté. La même proclamation avait été faite la veille.

J'ai lancé trois fusées, à la demande du sultan; car, quoique je les leur aie fait voir plusieurs fois, ces gens ont encore peur de les essayer; et elles excitent autant de surprise et d'alarme que jamais.

A onze heures du soir, un courrier, arrivé de Magaria, annonça que les rebelles du Gouber avaient campé en grand nombre un peu à l'est de cette place. Aussitôt l'ordre de marcher fut donné, et, en quelques instants, il ne resta plus personne dans le camp. Je fis d'abord filer mon bagage et mon chameau vers Sackatou. Avant que j'eusse pris la route de Magaria, qui était à travers la campagne, l'alarme fut répandue de village en village par un cri aigu assez semblable au cri de guerre des Indiens. Au point du jour, des bandes de cavaliers et de fantassins marchaient de tous côtés en avant. Nous rencontrâmes des troupes nombreuses de femmes, d'enfants, de vieillards, de bœufs, d'ânes, de moutons, fuyant toutes vers Sackatou.

A dix heures du matin, j'entrai dans Magaria, où tout était tranquille; j'allai loger dans la maison de mon ami le gadado, qui, arrivé une heure avant moi, était allé se coucher. Malem-Moudie, son frère, me dit que la prétendue armée de rebelles ne consistait qu'en un petit nombre de voleurs venus pour dérober des bœufs; il y en eut un que, n'ayant pu faire marcher, ils avaient tué, puis ils s'étaient enfuis avec sa chair.

Ayant demandé à une des femmes esclaves du gadado, qui avait soin de sa maison à Magaria, pourquoi on avait été si fort effrayé d'une petite bande de voleurs, elle me répondit : « Que pouvions-nous faire ? Oh ! nous n'é-
« tions que des femmes. Il y avait deux à trois
« hommes qui se trouvaient à portée d'en-
« tendre ce qui se passait à l'endroit d'où ve-
« nait le bruit ; mais ils n'étaient bons à rien,
« ils avaient autant de peur que nous. » Puis me montrant du doigt le terrain le plus élevé dans l'enceinte de la ville, qui n'est point habité, et où se tient le marché, elle ajouta : « Nous
« nous tînmes là pendant toute la nuit, ayant
« chacune sur notre tête tout ce que nous
« avions pu emporter ; nous étions la bouche
« ouverte ; aucune ne songea ni à s'asseoir, ni
« à manger, jusqu'au moment où les hommes
« arrivèrent de Sackatou et du camp. Après
« tout, ce bas monde n'est rien sans les hom-
« mes ; que seulement deux ou trois voleurs
« fussent venus, ils auraient pris la ville et
« tout ce qu'elle renfermait, puisque les portes

« étaient toutes ouvertes, aucune de nous
« n'ayant eu l'idée de les fermer. »

Je dormis bien; après avoir déjeuné, j'allai chez le gadado, à qui je dis que, tout étant heureusement très-tranquille, je partirais le lendemain, au point du jour, pour Sackatou, puisque je n'avais avec moi ni lit, ni bagage. Il me remercia beaucoup de ce que j'étais venu à leur aide, et me dit que son intention était aussi de rentrer à Sackatou dans la journée du lendemain; que, quant au sultan, il devait regagner le camp.

Dimanche 3. Au point du jour, je pris la route de Sackatou avec mon affranchi Mohamed Allah Sirkis; il m'accompagnait dans toutes les courses où il y avait du danger. A midi, j'arrivai à Sackatou; le gadado ne revint qu'à minuit.

Mercredi 6. Les eunuques du sultan sont venus me prier d'aller chez leur maître pour monter le garde-temps, quoique j'eusse enseigné à un homme comment il fallait s'y prendre, en ajoutant que cette opération devait être faite tous les huit jours; mais il avait négligé mes instructions. Si ce n'avait pas été une horloge excellente envoyée par mon roi, et si je ne l'avais pas amenée si loin en bon état, je n'aurais pas voulu y toucher de nouveau; mais le gadado étant venu, et m'ayant invité à l'accompagner, je montrai à un autre homme comment il fallait la monter.

Samedi 9. Suivant les nouvelles venues de Magaria, les habitants du Gouber ont formé un camp hors des murs de leur capitale, et y ont élu un nouveau sultan au lieu de celui qui avait perdu la vie dans notre attaque de Counia. Suivant l'usage, il entreprendra quelque expédition contre les ennemis avant de rentrer chez lui; mais on ignore encore de quel côté il se portera. C'est pour pouvoir se conformer plus facilement à cette coutume que l'élection du nouveau chef a lieu hors de la ville; d'abord on immole en sacrifice, sous un arbre, un bœuf, un mouton et une chèvre.

Mardi 12. Une partie de la tribu des Killgris, qui sont des Touarik ou Berbers, et habitent la portion du désert entre Timbouctou et Touat, et au nord de Tadéla ou Ader, sont arrivés à Sackatou, où ils viennent tous les ans dans le courant de l'été ou de la saison sèche; il y a aussi une partie de la tribu des Etassan, qui habite le canton appelé Anber, et situé au nord de Cachenah et de Zinder, dans le Bornou. Ces derniers ont amené à Bello un beau cheval touarik, de la part de leur sultan; ce dernier n'avait pu venir en personne rendre, suivant l'usage, ses devoirs annuels à Bello. Les Touarik ou Berbers, qui vivent dans la partie méridionale du désert, comprennent les tribus d'Etassan, Killgris, Killaouai et Timsgeda. Adjedir est leur capitale. Ils déposent conjointement leur sultan et en élisent un autre, quand ils le jugent convenable, ce qui arrive généralement une fois en trois ans; ils ne tuent pas l'ancien; il en est quitte pour abandonner son poste et rentrer dans la classe commune.

Après que le grain a été récolté et serré, ils arrivent tous les ans dans le Haoussa avec du sel. Leur visite a lieu à la fin totale de la moisson, ou dans les mois d'octobre et de novembre; ils échangent leur sel contre du grain, des tobés bleus, des mogabs ou turbans bleus pour leurs femmes, et des sabres; ils mettent aussi de côté une quantité de millet et de dourrah suffisante pour durer jusqu'à leur retour dans leur pays, car ils ne sèment ni ne récoltent. Ils restent, pendant toute la saison sèche, dans le Haoussa, notamment dans les provinces de Cachenah, Kano, Zamfra et Sackatou; les Killgris préfèrent celle-ci; les Etassan et les Killaouay viennent surtout dans le Cachenah et le Kano. A l'exception d'un petit nombre, ils n'habitent pas dans l'intérieur des villes; ils élèvent à peu de distance, dans les bois, des cabanes temporaires où ils ont leurs femmes, avec leurs bœufs, leurs chevaux et leurs chameaux. Les hommes seuls vont à la ville; lorsque la saison des pluies commence, ils se retirent au nord, dans le désert. Ce sont des hommes de bonne mine; ils ont l'air mâle, mais sont extrêmement sales, car ils ne se lavent même pas avant de faire la prière; ils se contentent d'en faire le semblant avec du sable. Les plus pauvres ont pour armes un sabre et une lance qu'ils ne quittent jamais.

Mardi 13. Le sultan m'a envoyé du camp, en présent, un mouton, quatre pintades et du riz, en s'excusant de sa longue absence sur ce que les Touarik montraient une grande indécision, et n'avaient pas encore décidé de quel côté ils se rangeraient.

Jeudi 14. J'ai engagé aujourd'hui Malem-Mohamed à m'indiquer la route d'après les points cardinaux entre Massina, sa patrie, et Sackatou; j'ai demandé la même chose à Hadji-Omar, revenu récemment de la Mecque par les lieux situés entre Sackatou et le Sennar, et je l'ai prié de me donner la description des pays, des villes et des rivières. Il est allé de Kano, dans l'Adamowa, puis par le Baghermi, le Runza, le Kaffins, le Darfour et le Kordofan; il dit que le Bahr-el-Abiad n'a que quatre pieds de profondeur en été; qu'il en est de même du Chary, au-dessus du Logan, avant qu'il ait reçu l'Acha, qui vient du sud-est à travers le Baghermi, et se jette dans le Chary, au-dessus du Logan. C'est la seule rivière que l'on ne puisse pas passer à gué, en été, entre le Kouarra et le Bahr-el-Azrek.

Lundi 18. Quelle a été ma surprise aujourd'hui en apprenant d'un messager arrivé de Kano, qu'il avait laissé mon domestique et mon bagage, ainsi que Hadji Salah, mon agent, dans la ville frontière, ou, comme on l'appelle ici, dans le sanson de Zamfra! Il me dit que c'était par l'ordre du sultan qu'ils venaient tous. Il ajouta que Pascoe avait été pris et ramené par Richard, après s'être enfui jusqu'à Roma, en Zegzeg; que depuis, il s'était encore échappé deux fois, commettant chaque fois un vol nouveau, et qu'il avait encore été repris. Sa dernière escapade avait eu lieu au sanson. Je ne pus m'expliquer les ordres du sultan, qui me parurent fort étranges, qu'en supposant qu'il ne les avait donnés que parce qu'il avait jugé que mes effets seraient plus en sûreté avec moi qu'en restant à Kano, et que comme ma santé n'était pas très-bonne, le récit des vols répétés de Pascoe empirerait mon état. Je pensai aussi qu'il avait imaginé qu'il serait assez temps de m'instruire de l'affaire quand tout mon bagage serait arrivé.

Mardi 19. J'ai reçu la visite de Sidi Cheikh, un des secrétaires arabes et des confidents intimes du sultan. Après un court entretien sur les affaires d'autrui, il me demanda si je n'étais pas satisfait de l'arrivée prochaine de mes effets et de mon domestique. Je lui répondis que cela m'occasionnerait une dépense que je ne pouvais guère supporter; et que la conduite du sultan dans cette occasion me semblait singulière.

Mercredi 20. Toute la journée j'ai été fort mal; le soir j'ai eu la visite de Mohamed ben Hadji Gumso et de Sidi Cheikh. Ils me dirent:

« Nous sommes dépêchés par le sultan ; il t'en-
« gage à ne pas trouver extraordinaire qu'il
« ait envoyé chercher tes domestiques et ton
« bagage; il te fait savoir de plus qu'il y a
« trois routes par lesquelles tu pourras t'en
« retourner; tu dois en choisir une : enfin,
« dis la vérité, es-tu venu comme messager
« du roi d'Angleterre chez Bello, ou bien seu-
« lement pour chercher une route ? Voici les
« trois : l'une est par l'Yourriba, c'est celle
« que tu as suivie en venant; la seconde par
« Timbouctou; la troisième par Aghadès,
« Touat et Morzouk. — Après un message
« semblable, répondis-je, et après des procé-
« dés aussi injustes de la part du sultan, je
« ne veux plus avoir aucun rapport avec vous.
« Agissez comme bon vous semblera, peu
« m'importe... — Ils s'en allèrent en s'écriant
« que j'étais un homme très-difficile, puis me
« demandèrent si je n'avais rien à faire dire
« au sultan. — Toutes mes affaires avec le
« sultan sont maintenant terminées; je n'ai
« plus rien à dire. »

Jeudi 21. Dans la matinée j'envoyai chez le sultan pour prendre possession de mon bagage; car, d'après ce que j'appris de Sidi

Cheikh, qui était venu de bonne heure chez moi, on pensait que je transportais des canons et des munitions de guerre chez le Cheikh du Bornou. Le sultan me fit dire que personne ne toucherait à mon bagage, qu'il voulait seulement voir la lettre de lord Bathurst au cheikh. Je répondis qu'ils pourraient la prendre s'ils voulaient, mais que je ne la donnerais pas.

A midi, le gadado arriva, et un instant après Hat Salah entra en passant pour aller chez lui : il me dit qu'il ne savait pas pourquoi on l'avait envoyé chercher; qu'il ne craignait pas ces gens-là, puisqu'il n'avait fait rien de mal. Comme il y avait trop de monde autour de nous, je ne lui adressai pas d'autre question, et j'allai à l'instant trouver le gadado, qui était seul assis près d'un bon feu. Après les compliments d'usage, je lui demandai pour quelle raison le sultan avait fait venir mon bagage : « Je n'en ai pas eu la moindre con-
« naissance, répondit-il, avant l'arrivée de tes
« domestiques et de ton bagage à Magaria;
« mais le sultan m'a dit, depuis son retour,
« qu'il n'avait besoin que de voir la lettre
« adressée au cheikh du Bornou. — Livrer

« cette lettre, répliquai-je, serait compro-
« mettre gravement mon honneur, qui m'est
« plus précieux que la vie.—Nous ne voulons
« pas ouvrir cette lettre, nous désirons seule-
« ment de voir l'adresse, et savoir si réelle-
« ment elle vient de lord Bathurst. » Alors je
parlai au gadado de l'étrange conversation que
j'avais eue avec Ben Gumso et Sidi Cheikh; il
me répondit que certainement le sultan ne les
avait pas chargés d'un message semblable,
qu'ils en avaient inventé une bonne partie,
et que le sultan ne leur avait pas dit de me
demander si j'étais réellement un messager du
roi d'Angleterre.

A trois heures après-midi, Richard et Pascoe arrivèrent avec le bagage. Richard avait
été très-malade sur la route; mais il avait reçu
toutes sortes de marques d'attention des habitants des villes où il s'était arrêté, ainsi que
du messager que le sultan de Kano avait fait
partir avec lui pour l'accompagner; ce sultan
lui avait aussi donné cinq bœufs et quatre
hommes pour aller avec lui et porter le bagage; Hadji Salah avait de plus acheté pour
moi un chameau qui avait coûté 6,000 cauris;
les bœufs avaient été payés 12,000 cauris

chacun; les gages de chaque homme étaient de 4,000.

Voici ce que Richard me raconta de Pascoe :
« Le second jour après la première désertion
« de Pascoe, quoique je fusse très-mal, je
« renfermai votre bagage et tous vos effets dans
« une chambre de la maison où ils étaient en
« sûreté; puis j'en remis la clef à Hadji Salah,
« en lui disant qu'il devait être responsable
« envers moi de la moindre chose qui serait
« perdue, parce que j'allais courir après Pas-
« coe pour le ramener. Hadji Salah me conseilla
« beaucoup de ne pas partir; mais emmenant
« avec moi le domestique arabe que vous aviez
« laissé malade à Kano et qui maintenant se
« portait bien, nous montâmes sur vos chevaux
« et nous prîmes la route de la capitale du
« Zegzeg. Arrivés à Aoucher, ville de cette
« province, quelqu'un qui venait d'y entrer
« nous apprit que Pascoe avait tiré un coup de
« fusil sur la place du marché de Roma, qui
« était à une journée de marche plus loin.
« Quand nous fûmes à Roma, on nous dit que
« Pascoe en était parti. Nous y passâmes la
« nuit, parce que les chevaux n'avaient plus
« la force de marcher. Quelques instants après,

« des habitants de la ville nous racontèrent que
« Pascoe était chez une femme qui demeurait
« près de la place du marché. J'envoyai aus-
« sitôt du monde aux portes de la ville pour
« l'arrêter, s'il essayait de partir. Comme j'étais
« trop malade pour aller à la maison indiquée,
« je chargeai Abdoul Fetha, l'Arabe, et quel-
« ques autres personnes, de s'y rendre, d'em-
« poigner Pascoe et de l'amener où j'étais. Ce
« fut exécuté. Pascoe me promit sincèrement
« de mieux se comporter à l'avenir; je le fis
« entrer dans la cabane, et l'Arabe et moi
« nous nous couchâmes à la porte. Le lende-
« main nous partîmes avec notre prisonnier
« pour Kano; mais à une demi-journée de
« cette ville, nous étant arrêtés pour passer la
« nuit, Pascoe se glissa hors de la cabane pen-
« dant que je dormais, emportant toutes les
« armes et tout l'argent que j'avais. Dès que je
« m'en aperçus, je montai à cheval; mais
« n'ayant plus ni armes, ni argent, je partis
« pour Kano; j'y arrivai de bonne heure, et je
« dis à Hadji Salah de faire courir, sans délai,
« après le fugitif. Ce fut fait à l'instant; et,
« deux jours après, Pascoe fut ramené; on le
« mit aux fers, et il fut laissé dans une maison,

« sous ma garde, jusqu'à l'arrivée du gouver-
« neur de la ville; alors je le relâchai, après
« lui avoir fait jurer devant le gouverneur qu'il
« ne s'enfuirait plus, et se comporterait bien.
« C'était la veille de mon départ de Kano.
« Quand je me mis en route, j'étais presque
« mourant de fatigue, de faiblesse et de veilles
« continuelles; mais au bout de quatre jours,
« je me trouvai mieux. Le dixième jour de
« mon voyage, j'arrivai à Fofin-Birnie, sanson
« ou ville située sur les confins du Gouber et
« du territoire des rebelles du Zamfra. J'atten-
« dais là, depuis trois jours, une escorte pour
« m'accompagner dans la partie de la route
« infestée par les rebelles du Gouber et du Zam-
« fra; lorsque Pascoe, profitant d'un moment
« où je dormais, força une de mes malles et
« une caisse d'armes; il prit un fusil à deux
« coups, cinq chaînes dorées, trente paires
« de ciseaux, tout mon argent, une paire de
« pistolets, sept cents aiguilles, une douzaine
« de canifs, et une grande quantité de verro-
« terie. Aussitôt je donnai l'alarme, et je dé-
« pêchai les habitants de la ville à ses trousses;
« le lendemain au soir, ils le ramenèrent. Il
« avait pris la route du Gouber : comme les

« hyènes étaient nombreuses et le suivaient,
« il grimpa sur un arbre, et leur tira des coups
« de fusil; le bruit attira ceux qui le poursui-
« vaient, ils l'arrêtèrent et le ramenèrent. En-
« suite ils le garrottèrent, en l'attachant à terre,
« et l'accablèrent d'injures. Lui ayant demandé
« ce que disaient les Fellatah, il répondit
« qu'ils me maudissaient pour lui avoir fait
« lier les bras de cette manière; néanmoins je
« ne voulus pas le mettre en liberté. »

Quand Pascoe fut arrivé à Sackatou, le gadado me pria de lui pardonner; je lui dis que c'était impossible. On le laisse aller où il veut, il loge dans la maison du chamelier du gadado. Quand je le vis, on ne se serait pas douté, à son air, qu'il se fût rien passé. Je défendis à mes domestiques d'avoir la moindre communication avec lui.

Vendredi 22. Dans la matinée, le gadado envoya chercher Allah Sirkis, pour qu'il me dît que le sultan avait envie de voir Richard, mon domestique, parce que ses yeux n'avaient pas contemplé un autre chrétien, excepté moi. Le sultan m'invitait aussi à aller chez lui, et à apporter la lettre adressée au cheikh, qu'il ne voulait ni m'ôter ni ouvrir; il désirait seulement savoir comment mon gouvernement qualifiait le cheikh, et si cette lettre était, comme la sienne, dans une boîte de fer-blanc.

Après la prière du milieu du jour, j'allai chez Bello avec le gadado; je pris avec moi Richard, que tout le monde appelle *Insourah coramina* ou le petit chrétien, et Allah Sirkis. Je trouvai le sultan assis dans un appartement intérieur; il était mieux habillé qu'à l'ordinaire; Mohamed ben Hadji Gumso et Sidi Cheikh étaient assis à sa gauche; le gadado se mit à sa droite : mes domestiques et moi, nous prîmes place devant lui. Après s'être informé de ma santé et de celle de Richard, et m'avoir adressé quelques autres questions, il me dit : « J'ai chargé Ben Hadji Gumso et Sidi
« Cheikh d'aller t'apprendre que j'avais en-
« voyé chercher tes gens et ton bagage. Jus-
« qu'à présent je ne t'ai pas informé de la po-
« sition des choses; je vais t'en instruire: le
« roi d'Angleterre t'a envoyé à moi, mais tu
« veux aller chez le cheikh du Bornou : je suis
« en guerre avec lui ; par conséquent bien que
« tu sois venu de la part du roi d'Angleterre,
« je ne puis te permettre de passer dans le
« Bornou. Il y a trois routes pour retourner

« en Europe; choisis-en une; je te ferai ac-
« compagner; une de ces routes est celle par
« laquelle tu es venu; la seconde est par Tim-
« bouctou, la troisième par Aghadès et le
« Fezzan.

« — Tu ne peux pas, lui répondis-je, me faire
« voyager par la route que j'ai suivie en ve-
« nant ici, et il ne serait pas sûr pour moi de
« l'essayer, puisque tout l'Yourriba et les au-
« tres pays en guerre avec les Fellatah savent
« maintenant que je parais ici comme messa-
« ger du roi d'Angleterre, que je t'ai apporté
« des présents, et que le but de ma mission
« est de mettre un terme au commerce des es-
« claves. La route par Timbouctou est presque
« impraticable, puisque les Fellatah du Fouta
« Tora, du Fouta Bonda, etc., arrivés depuis
« peu de temps à Sackatou, ont éprouvé les
« plus grandes difficultés pour obtenir la per-
« mission de passer seulement avec un bâton
« à la main et une chemise sur le corps; et ils
« ont été douze mois en route à cause de la
« guerre. Si je me dirige de ce côté, tout le
« monde en sera instruit, et tes ennemis s'em-
« pareront de mon bagage et de moi, avant
« que j'aie été deux mois en route. La voie

« d'Aghadès exigera un nombre de chameaux
« plus considérable que celui que je suis en
« état d'acheter à présent, ainsi que beaucoup
« de provisions, des outres, etc.; puisque dans
« une étendue de sept journées de marche, il
« n'y a pas un lieu où l'on trouve des bois,
« ni de l'eau. Les Touarik sont un peuple qui
« n'a ni lois ni gouvernement; s'ils me lais-
« sent passer, ils me feront payer cette per-
« mission très-chèrement; ils exigeront au
« moins deux charges de chameau en tobés
« bleus et turbans. Si tu veux me permettre
« d'aller par le Baghermi, le Darfour et l'É-
« gypte, je suivrai cette voie, à tout risque.

« — Mais ce serait prendre la route du Bor-
« nou, puisque tu irais d'Adamowa au Logan.
« — Vraiment, dit d'un ton très-sérieux le
« vieux Ben Gumso à Sidi Cheikh, et assez haut
« pour que ses paroles parvinssent à l'oreille
« du sultan, entends-tu comme cet homme
« parle devant le prince des fidèles ! »

Alors le sultan demanda à voir la lettre
adressée au cheikh; je la lui montrai, ainsi
que la liste, en arabe, des médicaments que
j'avais apportés pour le cheikh jusqu'à Badagry, et qu'ensuite j'avais renvoyés. Le sultan

après avoir parcouru cette liste, me dit d'ouvrir la lettre : je lui répondis que le faire était plus que ma tête ne valait. « Je suis venu à toi « avec une lettre et des présents de la part du « roi d'Angleterre, d'après la confiance qu'a « inspirée ta lettre de l'année dernière; j'espère « que tu n'enfreindras pas ta promesse et ta « parole, pour voir ce que contient cette lettre « que tu as maintenant à côté de toi. » Il fit un geste de la main pour que je me retirasse; je me levai, je le saluai, et je sortis. Je trouvai à la porte Pascoe prêt à avoir son audience; le gadado m'accompagna jusque là.

Au lieu de retourner chez moi, j'allai chez Hadji Salah, qui était bien pauvrement logé par les Fellatah. Comme il n'y avait là d'autre personne que le fils du dernier sultan du Fezzan, qu'il avait amené avec lui de Kano, je lui demandai pourquoi il était venu à Sackatou; il me répondit que les Fellatah ne l'en avaient pas encore instruit, mais qu'il se souciait fort peu d'eux. Dès qu'on sut que j'étais dans la maison, elle fut bientôt remplie de Fellatah, et je m'en allai.

Samedi 23. Aujourd'hui Hat Salah a vu le sultan; le propriétaire de ma maison m'a dit qu'il devait repartir pour Kano dans quatre jours. Dans la soirée Hat Salah, après en avoir obtenu la permission du gadado, vint me voir à huit heures; autant que je pus m'en apercevoir, il n'était pas épié. Il me raconta que le sultan l'avait invité à dire la vérité, et s'était exprimé ainsi : « Abdallah t'a-t-il remis, avant son « départ de Kano, le présent destiné au cheikh, ou « toute autre chose pour lui? Je lui ai répondu, « continua Hat Salah, que tu ne m'avais remis « pour le cheikh ni lettre, ni présent, ni au-« cune chose quelconque; les deux amis que « j'avais avec moi ont parlé de même. C'est « bon, m'a dit le sultan, je te permets de re-« tourner vers ta famille dans quatre jours. Je « l'ai quitté; je suis venu te voir; maintenant « je te conseille, en ami et en homme paci-« fique, de délivrer le présent que tu as pour « le cheikh, et de t'en retourner par la voie « d'Aghadès, qui t'a été proposée; il n'y a pas « un Fellatah, depuis le sultan jusqu'au plus « mince individu parmi eux, qui puisse suppor-« ter le cheikh, ni aucune personne qui a été « son ami. Graces à Dieu, tu n'as rien mis dans « mes mains pour le cheikh; autrement j'au-« rais couru grand risque de ma tête. Je te con-

« seille sérieusement de livrer à Bello le présent
« destiné au cheikh, puisque tu ne peux pas le
« garder.

« — Mais, lui répondis-je, c'est la même chose
« que de me forcer de donner la lettre; c'est le
« dernier outrage que les Fellatah peuvent me
« faire; ils ont enfreint toute espèce de bonne
« foi à mon égard ; je ne puis plus avoir rien
« à leur dire; après m'avoir enlevé la lettre par
« surprise ou par violence, ils peuvent me
« prendre tout ce qui leur fera plaisir; je suis
« seul, je ne puis pas combattre contre une
« nation entière. Quand même ils m'ôteraient
« la vie, ils ne pourraient pas se comporter en-
« vers moi plus mal qu'ils ne l'ont fait. »

Dimanche 24. Ce matin j'ai vu le gadado, il s'est plaint d'avoir attrapé un mauvais rhume. Je lui recommandai de prendre une dose de séné. Il m'a dit qu'il allait à cheval à une petite distance de la ville, au-devant de Mohamed Ben Abdallah Hir, cousin-germain de Bello, du côté paternel : c'est le sultan fellatah ou roi du Nyffé; il vient demander la permission d'aller cette année-ci dans ce pays, où il n'avait envoyé auparavant qu'un de ses parents, ou un capitaine pour y commander;

ce dernier était Omar Zermie, que j'avais vu en passant par là. Le gadado m'ayant ensuite invité à l'accompagner dans sa course : « Non, « lui répondis-je, mes affaires avec vous sont « finies; d'après la manière dont le sultan s'est « comporté envers moi, il est impossible que « vous me fassiez un affront plus grand que « celui que j'ai déja reçu. — Dans ton premier « voyage à Sackatou, répliqua le gadado, tu es « venu avec des lettres du pacha de Tripoli et « du cheikh du Bornou; dans ce temps-là, nous « étions tous en paix; maintenant nous sommes « en guerre avec le cheikh. Le sultan n'entretient ni ne permet à personne d'entretenir « aucune communication avec le cheikh, ni « avec aucun individu de son pays. Tu es arrivé avec une lettre et des présents de la part « du roi d'Angleterre, et tu les as remis; tu as « une lettre et des présents de la part du vizir « du roi d'Angleterre. Quand étant à Katagoum « tu envoyas un sabre de la part du roi d'Angleterre à Bello, le cheikh du Bornou s'empara « de la lettre qui l'accompagnait; présentement « nous tenons la même conduite relativement « au cheikh; si tu veux remettre le présent, « nous l'expédierons par Hadji Salah.

« — Mais il n'y avait aucune lettre avec le
« sabre et la caisse que j'envoyai de Katagoum.
« La conduite de Bello n'est pas digne d'un
« prince des fidèles, puisque malgré la teneur
« de la lettre, par laquelle il a demandé au roi
« d'Angleterre qu'un consul vînt résider près
« de lui, il a manqué à tous ses engagements
« entre nous; vous m'avez fait tout le mal que
« vous avez pu.

« — Le sultan a été alarmé par la lettre que le
« cheikh lui a envoyée, et par les rapports des
« deux hadjis venus de Tripoli. Tu étais repré-
« senté comme un espion; on disait que les
« Anglais voulaient s'emparer de notre pays,
« comme ils s'étaient rendus maîtres de l'Inde.
« Je suis très-affligé de ce que le sultan a fait,
« aussi affligé qu'un cœur peut l'être. Nous
« avons envoyé chercher Hat Salah, qui de-
« puis quatorze ans vit au milieu de nous, et
« qui, pendant tout ce temps, a fait les affaires
« du cheikh, pour lui déclarer que s'il voulait
« aller au Bornou, il le pouvait; mais que s'il
« préférait rester, il fallait qu'il n'eût plus au-
« cun rapport avec le cheikh.

« — Mais qu'ai-je de commun avec les affaires
« du cheikh ou d'Hadji Salah? Dans mon pré-

« cédent voyage il a été mon agent, voilà pour-
« quoi je me suis encore adressé à lui. » En
achevant ces mots, je pris congé du gadado,
après lui avoir répété deux à trois fois ce que
je lui avais dit auparavant; je désirais qu'il le
comprît bien, et j'ajoutai : « Je n'ai pas envie
« de revoir le sultan, j'insiste pour que tu lui
« redises ce que je t'ai déclaré; dorénavant je
« dois considérer ses états comme une prison,
« puisqu'il a manqué à sa parole en tout. »

Malgré cette conversation, le gadado et son frère Moudie continuent à m'envoyer du lait et des provisions comme à l'ordinaire; ils se comportent toujours envers moi de la même manière. Aujourd'hui, le sujet de toutes les conversations de Sackatou est que les Anglais veulent se rendre maîtres du Haoussa.

Lundi 25. Comme c'est aujourd'hui Noël, j'ai donné à Richard, en guise de présent du jour, un souverain, sur les six qui me restent; il mérite bien ce don, car jamais il n'a montré un manque de courage ou de résolution indigne d'un Anglais. Le gadado a envoyé, de bonne heure, demander des nouvelles de ma santé, et a chargé mon domestique de me dire qu'il avait communiqué au sultan tout ce que je lui avais dit; il voulait savoir si mon cœur était aussi difficile qu'auparavant, ce qui est leur manière de s'informer si j'étais disposé à toujours parler avec la même force.

Pascoe a été envoyé aujourd'hui avec tout son bagage, de la maison du chamelier du gadado à celle de Ben-Hadji-Gumso. Est-ce pour le sonder, ou pour l'engager à dire ce qu'ils désirent, ou pour le faire esclave? Je n'en sais rien. Il a abjuré sa religion devant un iman et le gadado : quand ce fut fait, ce dernier lui dit d'aller se laver de la tête aux pieds; que la veille il était un kaffir, mais qu'à présent il était ami du prophète. Dans la soirée j'ai reçu des provisions, suivant l'usage.

Mardi 26. Ce matin, Hadji Salah, et Malem Moudie, frère du gadado, sont venus chez moi. « Nous sommes envoyés par le sultan, me
« dirent-ils; il a lu la lettre adressée au cheikh,
« dans laquelle on lui annonce que tu as pour
« lui six fusils, deux caisses de balles, une
« caisse de poudre, et une caisse de différentes
« marchandises; nous sommes chargés de te
« demander ces présents.

« — Cela n'est pas vrai; on n'a pas pu lire
« cela dans la lettre, parce que les fusils m'ap-

« partiennent à moi et à mes domestiques, sauf
« ceux de mes compagnons qui sont morts
« dans l'Yourriba, et deux autres destinés à
« des présents; c'est sans doute votre ami Pas-
« coe qui vous a raconté cette fausseté. »

J'avais déja préparé le présent pour le cheikh;
le gadado étant entré, j'ordonnai à mon domestique de l'apporter. Le gadado, après avoir tout regardé, me dit qu'il ne voulait rien de ce qui m'appartenait; que l'on avait envie de s'emparer de tout ce qui était pour le cheikh, parce qu'il faisait une guerre très-injuste au sultan, et que celui-ci ne permettrait à personne de porter à son ennemi des armes ou des munitions de guerre.

« Vous vous comportez envers moi comme
« des voleurs, répondis-je au gadado; vous
« manquez essentiellement à la bonne foi; au-
« cun peuple dans le monde ne se conduirait
« de même; vous feriez mieux de me couper
« la tête que de faire une chose semblable; mais
« je suppose que vous en viendrez là, quand
« vous m'aurez tout enlevé. »

Le gadado s'en alla très-courroucé; les autres le suivirent, en emportant le présent destiné au cheikh. Hadji Salah me dit qu'il craignait qu'ils ne lui coupassent la tête; qu'il était père d'une nombreuse famille; et que dorénavant il ne voulait plus avoir aucun rapport avec moi ni avec mes affaires; puis il sortit.

Peu de temps après, il revint avec son monde; c'était de la part de Bello. « Le sultan, me
« dit-il, nous a chargés de te déclarer qu'il ne
« veut ni faire ni dire rien qui te soit désa-
« gréable; tout ce qu'il desire, c'est de savoir
« si tu as des armes ou des munitions de guerre
« pour le cheikh; si tu en as, livre-nous-les.

« — On a déja pris tout ce que j'avais pour
« le cheikh. — Livre-nous toutes les armes. —
« Je n'en donnerai pas une seule. — Autrefois
« je t'ai regardé comme un homme sage; main-
« tenant tu agis comme un insensé en n'aban-
« donnant pas tout pour sauver ta tête. — Je
« ne donnerai pas une charge de poudre pour
« sauver ma tête. » Ils s'en allèrent très-mécontents.

Mes domestiques et les personnes qui me faisaient des visites me délaissèrent à cette époque; mes domestiques, même Allah Sirkis, dirent qu'ils avaient peur de rester avec moi. Je ne m'attendais pas à cette ingratitude et à cette lâcheté de la part d'un homme que j'avais trouvé dans l'esclavage, avec une seule ceinture de cuir autour des reins; que j'avais vêtu et nourri; à qui j'avais donné les mêmes gages qu'à mes autres domestiques, depuis le jour que je l'avais acheté et l'avais rendu libre. Je leur dis qu'ils avaient toute liberté d'aller où bon leur semblerait; que je ne pouvais pas tarder à en avoir d'autres, qui, d'après la manière dont j'en avais usé envers eux, ne pourraient pas se comporter plus mal. Cependant ils revinrent dans la soirée, et me supplièrent de les reprendre : c'est ce que je fis, parce que tout domestique natif du Haoussa, du Fezzan ou du Bornou est sujet à mentir, à être ingrat, et à commettre de petits larcins.

Jeudi 28. Le gadado est parti aujourd'hui pour Magaria. Avant de se mettre en route, il me dit que son absence ne serait pas longue; que si, durant ce temps, il m'arrivait quelque chose de désagréable, je lui expédiasse à l'instant un exprès pour l'en instruire. L'après-midi, le sultan partit pour le sanson ou la ville nouvelle qu'il fait bâtir. Il me fit inviter par Sidi Cheikh à l'accompagner, pour que je lui montrasse la manière de construire une maison et de la fortifier; mais comme je ne crus pas un mot de ce que me dit Sidi Cheikh, je ne tins nul compte du message. Je sus ensuite que Sidi Cheikh avait voulu par ce moyen introduire auprès du sultan un de ses parents arrivé depuis peu, et qui était maçon.

Vendredi 29. J'appliquai un grand vésicatoire sur mon côté, parce que l'accroissement de mon spleen me fait beaucoup souffrir; je ne puis plus manger, et je ne dors guère.

Dimanche 14 janvier 1827. Point de nouvelle de Magaria. Après le coucher du soleil, un messager est arrivé de cette ville; il m'amène un cheval de la part du gadado, qui m'invite à l'aller rejoindre.

Lundi 15. Je suis parti au lever du soleil; mais en chemin j'ai été si malade, que je ne suis arrivé à Magaria qu'à cinq heures après-midi. Tous les bruits qui ont couru de l'approche de l'ennemi se sont trouvés faux.

Mardi 16. Je suis allé voir le gadado et le sultan. Ce dernier m'a dit qu'aussitôt que l'on saurait avec certitude si les ennemis étaient loin ou près, je partirais; que son intention était que je prisse la route d'Asber, et que dans l'intervalle je visiterais le pays de Djacoba; enfin, qu'il enverrait un Fellatah avec moi à Tripoli.

L'après-midi j'ai quitté Magaria; je suis entré à Sackatou un peu après le coucher du soleil.

Mercredi 17. Une petite caravane d'Arabes est arrivée aujourd'hui de Timbouctou. L'un d'eux avait vu le major Laing, qui, suivant ce qu'il me raconta, avait perdu la main dans une attaque qu'il avait eu à soutenir avec ses domestiques, pendant la nuit, contre les Touarik, et que ses domestiques, un juif et un chrétien, avaient été grièvement blessés.

Samedi 20. J'ai envoyé Richard à Magaria, avec une lettre pour le gadado, que je presse de demander pour moi au sultan la permission de visiter le Djacoba et les parties méridionales du Haoussa, afin que je sois en état de constater si et où le Kouarra se jette dans la mer.

Vendredi 26. Petit vent et brouillard léger; à 8 heures, vent très-fort de l'est-nord-est. Le sultan m'a envoyé un exprès pour m'annoncer qu'un courrier expédié par le sultan de Kano, l'informait que le cheikh n'était qu'à une journée au sud de cette ville. Le sultan Bello désirait savoir si, après une nouvelle semblable, j'avais envie d'aller à Cachenah. Sidi Cheikh était porteur de ce message. Naturellement, je répondis que je resterais où j'étais, sans faire aucune observation sur la nouvelle, qui pouvait être fausse; je crus que c'était un artifice pour connaître mes intentions.

Samedi 27. Temps frais et clair. Au point du jour, le gadado arriva de Magaria. Dans la matinée j'allai le voir; il me dit qu'il allait à Kano, et qu'aussitôt que tout serait arrangé, il m'écrirait pour que j'allasse le trouver; mais que je ferais mieux de rester à Sackatou jusqu'à ce que le cheikh, qui était à Sangia, sur la route de Kano, s'en fût retourné.

Voici ce que j'ai appris : le cheikh, avant d'entrer sur le territoire du Haoussa, avait envoyé dire aux gouverneurs de Katagoum, d'Hadiga, de Lamema et de Kano, qu'il n'était pas en guerre, qu'au contraire il était en paix avec Bello et son peuple; qu'il ne venait que pour prendre Mohamed Mungo et Mohamed Néma, deux chefs Fellatah, demeurant sur la frontière, qui faisaient sans cesse des incursions dans le Bornou, et en enlevaient les habitants et le bétail. Mais au lieu de chercher ces deux chefs, il s'avança dans la province de China, s'empara de tous les habitants et de tous les bestiaux qui lui tombèrent sous la main : ensuite il marcha sur Kano, afin d'en couper le chemin au sultan, qui était à Dochi, ville sur la frontière, pour donner du secours à Hadji, gouverneur de Katagoum ; mais le gouverneur de Kano, instruit des manœuvres du cheikh, était retourné bien vite dans cette ville importante pour la défendre.

Dimanche 28. Temps clair et serein. Je dis adieu au gadado, qui partira demain pour Kano, où il doit prendre le commandement de l'armée. En ce moment tous les Fellatah sont livrés aux plus vives alarmes, parce qu'ils supposent que la totalité des nègres et les Touarik se joindront au cheikh ; ils s'empressent de faire entrer leurs grains dans Sackatou, car ils s'attendent à y être attaqués.

Lundi 29. Le gadado n'est sorti de la ville que l'après-midi. Le sultan, et tout homme qui avait un cheval, ainsi qu'un grand nombre de fantassins, l'accompagnèrent jusqu'au bord de la rivière, qui passe à l'est de Sackatou et coule au nord. Là on répéta le fetha; ensuite tous ceux qui ne devaient pas marcher avec le gadado revinrent à Sackatou.

Jeudi 8 février. J'ai pris congé du sultan, puis j'ai déposé tout mon bagage, à l'exception d'une malle et de ma cantine, dans la maison du gadado, tant pour prévenir les vols que pour mettre mes effets à l'abri des incendies, qui sont très-fréquents à Sackatou. J'ai pris la route de Magaria avec tous mes domestiques et mes deux chameaux, à huit heures du matin. Un de ces animaux étant maladif et faible, je voyageai lentement : à trois heures après midi, je m'arrêtai à un village près de la route; le chef me donna une cabane où je logeai. La rivière n'était éloignée que de deux milles vers le nord. J'envoyai les chameaux paturer dans la campagne. Richard et Allah Sirkis restèrent pour dresser la tente et prendre soin des chevaux. J'allai avec mon fusil sur les bords de la rivière pour chasser. Malem Moudie, propriétaire du village, m'accompagnait à cheval avec une vingtaine de ses esclaves; c'est le seul homme libre de cet endroit, qui compte soixante-dix habitants, hommes, femmes et enfants.

Après avoir descendu le flanc rocailleux et graveleux de la colline sur laquelle passe la route, j'arrivai dans la plaine, qui s'étend à près de quatre milles, jusqu'au pied des terres hautes ou des collines basses. Au nord, la rivière inonde toute la plaine dans la saison des pluies; elle a laissé depuis la dernière fois plusieurs étangs et de fort jolis lacs. Le sol de la plaine offre généralement de l'argile bleue et du terreau à une profondeur de trois à quatre pieds. Dans les parties supérieures on cultive du coton et des calebasses; et dans les parties basses, pendant les pluies, du riz, qui est de très-bonne qualité. Dans cet endroit la rivière est étroite, sinueuse et profonde d'une douzaine de pieds : au-dessous des couches d'argile et des terres végétales, ses bords sont sablonneux; la chute des arbres et le peu de consistance du terrain sont cause que dans la saison des pluies elle change souvent son lit à travers la plaine ou les marais. Les acacias étaient en fleurs; on voyait de nombreuses traces d'éléphants. Je n'aperçus que trois antilopes; en revanche il y avait beaucoup de pintades, mais trop farouches pour s'approcher, parce qu'elles sont fréquemment poursuivies par les jeunes Fellatah. J'aurais eu grande envie de tirer sur un des sangliers qui étaient en nombre considérable; mais Malem Moudie fut révolté de l'idée que j'eusse besoin de la peau de cet animal; ainsi je suppose qu'il ne m'aurait rien donné à souper ni à moi ni à mes gens, si je l'avais touchée; cependant il m'aurait laissé tirer autant que je l'aurais voulu sur les kaffirs ou éblis. Revenu à ma maison, dans le village, le malem, à l'heure du repas, m'envoya un grand poudding et une sauce faite avec du beurre et des feuilles de baobab, enfin du grain pour mes chevaux.

Vendredi 9. Au point du jour, je donnai aux femmes esclaves de Malem Moudie, qui m'avaient apporté le poudding et le millet, le prix de ces choses en cauris, et je fis présent au malem de deux noix de gouro. Ce vieillard fut très-satisfait du cadeau, et m'accompagna à une petite distance. En passant dans deux autres villages, il appela les habitants pour leur faire voir son hôte. Quoique tous, hommes, femmes et enfants, dans un rayon de vingt milles autour de Sackatou, m'aient vu cinquante fois, néanmoins leur curiosité est toujours aussi grande pour examiner mes habits et ceux de Richard; ils disent constamment que nos boutons de cuivre sont d'or : mes brides anglaises sont admirées; la toile de mon pantalon et de mon habit, qui est une robe de chambre rayée, attire l'attention de toutes les femmes, jeunes et vieilles, qui m'en demandent toujours un morceau pour nouer autour de leur tête; ces gens disent que nous possédons toutes les bonnes choses. Ils m'appellent le gros chrétien, et Richard le petit chrétien. On se sert rarement de mon ancien nom d'Abdallah; il n'est employé que par les personnes qui m'ont connu dans mon premier voyage, et seulement en me parlant.

A dix heures du matin, je suis arrivé à Magaria. Mon ami Malem Moudie n'était pas chez lui. Je logeai dans la maison où j'avais déja demeuré. La femme de Moudie qui habite Magaria, car il en a quatre et seize concubines, m'envoya du lait et du dourrah en abondance. Quand Moudie vint, je lui dis que j'avais le projet de passer ici quelques jours à chasser, et que je désirais avoir un homme qui me montrât les endroits les plus favorables; il ne tarda pas à m'en trouver un, et je préparai tout pour le lendemain.

Samedi 20. Un peu après le point du jour, je sortis à cheval de Magaria, et, après avoir traversé des champs de coton semé dans le terrain bas, qui avait été couvert d'eau pendant les pluies, je parvins aux terres destinées au riz, qui, en ce moment, étaient tapissées d'une belle herbe verdoyante; il y avait de petits lacs et des étangs formés par les anciens lits de la rivière; ses bords étaient marécageux à une grande distance, de sorte que je ne pouvais m'approcher assez des oiseaux pour les atteindre avec du petit plomb; c'étaient des pélicans blancs et gris; des canards de Barbarie, des oies d'Égypte, des canards, des sarcelles et des bécasses; les hérons, les grues, les ibis et les aigrettes s'y voyaient en grand nombre. Au milieu des troupeaux de bœufs qui paissaient dans la plaine basse, il y avait une demi-douzaine de grandes antilopes rouges, tenant le milieu entre l'antilope ordinaire et le nilghaut, de couleur rouge et de la hauteur d'un petit âne, avec de grandes cornes épaisses; les Arabes les nomment *hamoria*, et les gens de ce pays-ci *marea*. Je ne m'occupai pas de ces animaux, parce qu'il n'y avait pas de couvert; je me dirigeai vers le nord de la plaine, où coule la rivière, espérant y trouver beaucoup de gibier et de broussailles. En m'avançant, j'entrai dans des bois qui, à un mille de la rivière, devinrent impraticables; ils étaient remplis de sangliers et de pintades: je tuai quelques-unes de ces dernières; quant aux sangliers, c'était des fruits défendus. Je ne voulais en abattre que pour en manger la chair ou pour avoir leurs peaux, mais alors mes propres domestiques auraient été les premiers à me regarder comme un homme abominable, car moins ces drôles connaissent leur religion, plus ils attachent d'importance à ses points les plus insignifiants. Tout ce qu'ils savent se borne à répéter leurs prières en arabe, dont ils ne comprennent pas un mot, à avoir horreur d'un chrétien, d'un kaffir et d'un pauvre et innocent pourceau. Je vis cinq éléphants et les traces d'un plus grand nombre. Les naturels leur font la chasse ou les guettent dans les sentiers qu'ils ont l'habitude de suivre : à cet effet, ils se placent sur une branche d'un grand arbre, pendante au-dessus du chemin. Leur arme est un harpon, avec deux barbes mobiles : il ressemble à celui dont nous nous servons pour la pêche de la baleine, mais il a le manche plus court; on le fixe à l'extrémité d'un grand pilon de bois dont les femmes se servent pour battre dans des mortiers le riz et le millet, et débarrasser ces grains de leur enveloppe. Le fer est empoisonné; le chasseur choisit la nuit, et lorsque l'animal passe sous la branche, il le frappe sur le dos, puis il suit ses traces à une petite distance; le bois du harpon se détache: si l'éléphant ne tombe pas bientôt, l'homme retourne chez lui jusqu'au lendemain matin, parce qu'il est sûr de trouver l'animal étendu mort près du lieu où il l'a laissé. On mange la chair de la bête, et quelquefois on vend ses défenses pour quelques cauris; mais plus souvent elles sont apportées, avec la trompe, au sultan ou au gadado, comme un témoignage de la victoire. Le sultan et le gadado donnent toujours les défenses aux Arabes. Depuis que je suis ici, on a tué trois éléphants. Au coucher du soleil je retournai à Magaria : nous étions tous très-fatigués, et ma vieille robe de chambre était en lambeaux.

Lundi 12. J'allai à pied, chasser dans la plaine, avec un Fellatah pour rabattre le gibier, car tous mes domestiques étaient rendus de fatigue et n'avaient pu m'accompagner. Arrivé sur le terrain, je me couchai au milieu des longues herbes, et j'envoyai le Fellatah remplir sa besogne. Deux fois il rabattit le gibier tout près de l'endroit où je me trouvais ; mais je dormais profondément, étant excédé de lassitude ; ainsi je me levai et je retournai chez moi. Je rencontrai en chemin une vieille laie et cinq marcassins ; je tirai sur elle au moment où, avec toute sa famille, elle s'avançait pour me regarder. Comme mon coup n'atteignit aucun des petits, le bruit ne causa pas le moindre dérangement dans la troupe; je jugeai, à la taille des marcassins, qu'ils étaient âgés d'environ neuf mois; la laie se contenta de se tourner d'un côté avec quatre d'entr'eux, et marcha lentement à travers les herbes. M'étant approché davantage, le cinquième, qui était un jeune verrat, s'approcha en grognant, la queue en l'air, et vint à portée de pistolet ; je lui présentai mon fusil, mais il eut l'air de ne pas se soucier beaucoup de moi, et je n'eus pas la fantaisie de le tuer. Après avoir tous les deux satisfait notre curiosité en nous regardant bien l'un l'autre, le verrat, voyant toute sa famille en sûreté, se retourna en grognant, et trotta pour la rejoindre, témoignant, par ses mouvements, aussi peu de crainte que s'il eût été maître du terrain. Les sangliers africains, dans le Borgou, le Haoussa et le Bornou, se ressemblent beaucoup; ils ont, relativement à leur corps, le tête beaucoup plus grosse que le cochon domestique d'Europe. Dans l'Yourriba et le Nyffé, leur groin est large et arrondi, avec deux longues défenses à chaque mâchoire, celles de l'inférieure et de la supérieure également tournées en l'air; la première s'applique à la face antérieure de l'autre; le derrière du cou est garni d'une crinière de soies droites, de couleur brune de tabac, foncée; il n'y a pas d'autre poil sur le corps de l'animal, excepté au bout de la queue. Ils sont tous de la même couleur, qui est gris de souris foncé ou plombé. Un sanglier dans toute sa croissance a trois pieds et demi ou quatre pieds de haut, et du bout du groin à la racine de la queue, à peu près cinq pieds. Ils ont aussi de chaque côté de la tête deux verrues, sur la même ligne que les narines, la plus grande à deux pouces et demi au-dessous de l'oreille, la moindre à un pouce plus bas, au-dessus de l'extrémité des défenses supérieures, qui ressemblent à des cornes.

Mardi 13. Je ne suis sorti que vers midi, et je suis allé au sud de la ville parmi les collines et les bois : je n'ai pas été plus heureux que la veille, quoique les traces de gibier fussent nombreuses de toutes parts; je ne vis pourtant qu'un troupeau d'antilopes, dont je ne pus approcher. Les pintades abondaient, mais étaient aussi farouches qu'à l'ordinaire. Les coteaux offraient à leur surface des pierres ferrugineuses-argileuses, une argile rouge et du sable à une profondeur de quatre à cinq pieds ; au-dessous une argile d'un blanc sale ou plutôt bleuâtre, contenant des parcelles brillantes de mica : plusieurs pierres renfermaient dans leur intérieur des galets; d'autres, quand on les cassait, ressemblaient à l'ocre rouge; la surface extérieure de toutes aurait fait croire qu'elles avaient subi l'action du feu ; je suppose que cette apparence est due à l'action des météores, et que c'est la pluie et le gravier qui les frappent et en enlèvent les parties les plus tendres, qui leur donnent l'air d'avoir été fondues. Les blocs de rochers n'ont jamais plus de six pieds carrés quand ils sont détachés les uns des autres ; et quand ils couvrent une plaine, ils n'ont pas plus de trois à quatre pieds d'épaisseur au-dessus du sol. J'oubliais de dire que la plupart, lorsqu'on les casse, présentent un aspect éclatant ou brillant comme le minerai de fer, et qu'ils sont beaucoup plus pesants que des morceaux de grès de la même grosseur.

Après m'être fatigué pour rien, parmi les collines, me trouvant, ainsi que mes guides, très-altéré, je marchai avec eux au nord, vers un petit lac dans la plaine, afin de nous y désaltérer. J'y rencontrai une troupe de jeunes filles fellatah lavant leurs calebasses. Elles appartenaient à un village temporaire, élevé dans le voisinage pour avoir soin du bétail ; il était placé à l'ombre de quelques grands baobab ou kouka ; les habitants venaient d'en sortir pour conduire leurs bestiaux dans la plaine. Ces jeunes filles me donnèrent à boire du lait caillé et de l'eau, et défirent la bride de mon cheval pour qu'il pût pâturer à l'aise la belle herbe verte qui l'entourait.

Mercredi 14. Le mauvais succès des jours

précédents et la grande fatigue m'ont empêché de sortir aujourd'hui. Un courrier expédié par le gadado est arrivé, il annonce des nouvelles importantes; le cheikh El Kanemi a été défait avec une grande perte, et s'est enfui vers le Bornou. Ce sont les gouverneurs de Fedba et du Zegzeg qui l'ont battu; le gouverneur de Kano les avait rejoints avec toutes ses troupes et formait l'arrière-garde. Duncoroa, gouverneur de Katagoum, Ben Gumso d'Hadiga, etc., sont en avant du cheikh; s'ils manœuvrent bien, il ne pourra pas regagner le Bornou. Cette affaire cause une grande joie aux Fellatah, ils n'épargnent pas au cheikh la qualification de *dan caria* (fils de p....n).

Jeudi 15. Je pris congé de Moudie et je partis de Magaria à six heures et demie du matin; j'envoyai Richard et Allah Sirkis avec deux chameaux au village où je m'étais arrêté en venant. Je suivis le pied des montagnes qui bordent la rivière; en ce moment son lit était à sec en plusieurs endroits. Je tuai un canard et deux pintades; celles-ci sont extrêmement nombreuses; mais les jeunes gens leur avaient donné la chasse dans la matinée et elles étaient très-farouches. Je vis aussi un éléphant, beaucoup de sangliers et sept corigums, nommés par les Arabes bœufs rouges; je crois que c'est le même animal que le nilghaut, dont il ne diffère que par la couleur; dans le Bornou il est d'un brun foncé, ici couleur de crème; je tirai sur plusieurs : ces corigums appartiennent au genre des antilopes, deviennent furieux quand ils ont été blessés, et livrent un combat quand on les attaque. Au coucher du soleil je revins; le vieux Malem me donna une provision abondante de poudding : les pintades et le canard servirent à régaler tout le monde.

Vendredi 16. Au point du jour je pris la route du sanson, où j'arrivai à dix heures du matin. Le sultan envoya aussitôt un messager pour s'informer de ma santé et me dire qu'il désirait me voir le lendemain. Depuis le départ du gadado, le messager qu'il me dépêche est la vieille Yargourna; quand le gadado est ici, elle remplit pour lui le même emploi. Elle passe la nuit dans l'appartement où il dort, et entretient le feu. Elle est douée de beaucoup de finesse et de bon sens : elle a des appartemens dans la maison du gadado et dans celle du sultan, et possède une quarantaine d'esclaves des deux sexes, quoiqu'elle soit elle-même esclave. Ici ce n'est pas une chose rare ; si cet esclave, qui en a d'autres en propriété, meurt sans enfants, ils appartiennent à son maître.

Dimanche 17. Temps clair et chaud. A trois heures du matin, la vieille Yargourna vint me dire que le sultan avait envie de me voir : j'allai aussitôt chez lui, il était seul. Il me demanda comment je me portais et si l'exercice que j'avais fait à la chasse m'avait guéri de mon spleen, qui est considérablement diminué ; je n'éprouve plus de douleur. Il s'enquit aussi de la santé de Richard, et si ses jambes et ses pieds allaient mieux ; heureusement il est délivré de cette maladie ; d'abord les pieds et les chevilles enflent et font beaucoup de mal, on n'est pas en état de marcher ; puis le mal gagne le gros de la jambe, le genou et les jointures des cuisses. Les médicaments purgatifs ne produisent pas de grands effets : la plante des pieds et les chevilles deviennent si douloureuses, que le malade ne peut marcher qu'avec une difficulté extrême et de terribles souffrances. L'enflure ne ressemble pas à celle du scorbut, car en la pressant avec les doigts, on y ressent une vive douleur, et quand on retire le doigt, il n'y laisse pas un enfoncement.

Je dis au sultan que j'avais beaucoup de peine à me procurer la peau, la tête et les os des pates de deux sangliers; j'ajoutai que cela m'avait été même impossible, parce que mes domestiques n'auraient pas voulu toucher ces animaux, quand même je les aurais tués.

« J'en enverrai chercher deux, répondit-il;
« tu les feras écorcher, ou bien on t'appor-
« tera les peaux.

« — Je te suis bien obligé, j'aime mieux
« qu'ils soient écorchés dans les bois, parce
« que, si on les amène vivants, ma maison se-
« rait remplie de fainéants; et la ville entière
« en parlerait chaque fois qu'on me verrait.

« — C'est bien. » Il dit à un eunuque de donner l'ordre aux chasseurs d'amener deux sangliers aussitôt qu'ils le pourraient. « Man-
« gez-vous du pourceau dans ton pays?

« — Certainement : la chair en est très-
« bonne quand l'animal a été bien nourri;
« mais nous en usons sobrement; on emploie
« toujours la graisse pour les onguents. Il
« vaut mieux manger cette chair que celle du
« chien que l'on vend publiquement au mar-

« ché à Tripoli ; au Fezzan, tous les grands
« personnages s'en nourrissent quand ils peu-
« vent en avoir. »

Sidi-Cheikh, qui entra en ce moment, confirma ce que je venais de dire.

« Oh, reprit le sultan, on ne peut se faire
« une idée des choses que les hommes man-
« gent. Dans le territoire d'Umburm, qui ap-
« partient au Djacoba, on mange de la chair
« humaine.

« — Je ne pense pas qu'il y ait sur la sur-
« face de la terre un peuple qui se nourrisse
« de la chair des hommes de sa race. Mais il
« y a dans les différentes parties du monde
« des sauvages qui dévorent leurs ennemis.

« — J'ai vu les gens dont je parle, se repaître
« de chair humaine ; le gouverneur de Dja-
« coba me l'avait raconté ; j'avais de la peine
« à le croire ; mais un Touarik ayant été
« pendu pour vol, cinq Umburmi qui se trou-
« vaient ici, se mirent à croquer une partie
« de son corps ; je le vis, et j'en fus si dégoûté,
« que je les renvoyai bientôt dans le Djacoba.
« Quand quelqu'un parmi eux se plaint d'une
« maladie, même du plus léger mal de tête, il
« est tué à l'instant, de crainte d'en être privés

« par sa mort, car ils ne mangent jamais une
« personne morte de maladie. Quelqu'un qui
« tombe malade est demandé par une famille,
« et celle-ci rend l'équivalent, dans une occa-
« sion semblable. Lorsque les Umburmi vont
« à la guerre, ils mangent toujours les blessés
« et les tués ; le cœur est réclamé par les
« chefs. Quand on leur demande pourquoi ils
« mangent de la chair humaine, ils répondent
« qu'elle est préférable aux autres ; que le
« cœur et les mamelles d'une femme sont la
« meilleure partie du corps. Ils ne peuvent
« alléguer la disette de vivres pour excuser une
« coutume si abominable ; car leur pays pro-
« duit abondamment du millet, du dourrah
« et des patates. Hommes et femmes vont tout
« nus, quoique leurs maisons soient beaucoup
« plus jolies et plus propres que celles des
« gens du commun à Sackatou ; et sauf cet
« usage détestable, les Umburmi ne sont pas
« de mauvaises gens, bien que ce soient
« des kaffirs. Je t'en ferai présent de deux,
« afin que le roi d'Angleterre voie ce dont
« je te parle.

« — Je te prie de m'excuser si je ne les
« prends pas ; car le roi et tout le peuple d'An-

« gleterre auraient horreur d'un pareil spec-
« tacle.

« — Tu le verras, quand tu iras dans le Dja-
« coba ; je manderai au gouverneur de te mon-
« trer des Umburmi.

« — Je désire partir pour le Djacoba aussi-
« tôt que ce sera possible, car voilà déja cinq
« mois que je suis ici à ne rien faire.

« — Les rebelles de Zamfra ont envoyé de-
« mander la paix : aussitôt que leur sultan
« sera arrivé, je te ferai parcourir la partie de
« ce pays que tu ne connais pas encore; tu
« examineras les mines d'or qui, dit-on, s'y
« trouvent; tu visiteras aussi l'Adamowa et le
« Chary; ensuite tu gagneras la côte maritime
« par un pays appelé Kano, qui est baigné par
« la mer, et situé au sud de la province de
« Zegzeg. Le sultan a envoyé un messager à
« Sackatou, peu de temps après ton départ de
« cette ville, à l'époque de ton premier voyage;
« il désirait former des relations de commerce
« avec le Haoussa.

« — Plus tôt tu me feras partir, mieux ce sera :
« parce que tu recevras d'Angleterre tout ce
« que tu voudras, à bien meilleur marché
« que tu ne l'obtiens par la voie du désert.

« — Qui sont les onze marchands d'esclaves
« que mon cousin Mohamed-ben-Abdallah a
« amenés dans son camp, à Nyffé? Sais-tu
« s'ils sont chrétiens? Ce sont des nègres;
« ils étaient venus du Borgou, ou bien par ce
« pays. Que faut-il en faire? car Abdallah,
« après les avoir pris, m'a écrit pour savoir
« comment il devrait les traiter.

« — Ce qu'il y a de mieux à faire est de s'em-
« parer de leurs marchandises et de les renvoyer
« chez eux, ou bien de les faire venir ici; ils
« ne sont pas chrétiens; ce sont, je crois,
« des naturels du Dahomey; j'ai vu probable-
« ment une partie de leur bande à Ouaoua, dans
« le Borgou. » Les musulmans ont l'habitude
d'appeler chrétiens ou juifs toute personne qui
ne professe pas l'islamisme.

Je pris ensuite congé du sultan. Dans la soirée, il m'envoya un beau mouton gras, et deux grenades de son jardin.

Lundi 19. Un courrier a apporté au sultan une lettre du gadado; elle lui annonce la défaite du cheikh du Bornou et sa retraite, dans laquelle il a perdu tout son bagage, ses chameaux et ses tentes, deux cent neuf chevaux et un grand nombre d'esclaves. Le sultan m'envoya la lettre pour que j'en prisse lecture, ainsi que le pot à eau du cheikh, qui est en cuivre. C'est un objet de la plus grande importance pour un grand personnage musulman, il l'accompagne dans tous ses voyages. Ce pot avait reçu trois coups de sabre, non quand on le prit, car il fut trouvé dans la tente ; mais ceux qui l'y rencontrèrent, déchargèrent leur rage sur le pauvre pot, faute de pouvoir faire sentir au cheikh les effets de leur ressentiment.

Samedi 24. Au point du jour, les païens que le sultan avait chargés de tuer et d'écorcher un sanglier, m'apportèrent les peaux d'un verrat, d'une laie et d'un marcassin. Tous les oisifs du voisinage vinrent pour jeter un coup d'œil sur ces curiosités; plusieurs personnes d'un certain rang firent de même, et quelques-unes s'assirent pour voir le pauvre païen, qui se nomme Ouidah, ses fils et moi, exécuter l'opération de saler, et d'empaqueter les peaux. Ces gens demandèrent à Ouidah s'il mangeait la chair de ces animaux ; il répondit affirmativement, et ajouta qu'elle était très-bonne. On ne peut s'empêcher de regarder comme très-ridicule la crainte que ces musulmans témoignent de toucher la moindre partie de la peau de ces sangliers; ils n'en savent pas la raison; c'est tout simplement par ce qu'ils en ont entendu dire à d'autres. Je leur répétai ce que j'avais dit au sultan de la coutume des Fezzaniens et des Tripolitains de manger du chien; et j'ajoutai que c'étaient de bons musulmans, car ils n'avaient pas un seul pourceau, qui se nourrit plus proprement et est meilleur à manger que le chien. Mes domestiques, aussi ignorants que coquins, n'osaient pas s'approcher de moi; si j'avais pu m'en procurer d'autres, je les aurais congédiés. Je saupoudrai d'abord légèrement de poison, ensuite de sel réduit en poudre fine, la partie intérieure des peaux, et je la fis bien frotter de ce mélange par Ouidah et ses fils; je jetai par-dessus de l'herbe sèche, j'empaquetai chaque peau séparément dans une natte, je les confiai à Ouidah pour qu'il les fît sécher convenablement, et je le chargeai d'enlever toute la chair des os des têtes. On ne tarda pas à apprendre au marché que j'avais ces sortes de choses dans ma maison; de sorte qu'y ayant envoyé pour acheter trois nattes neuves, le marchand dit qu'il voulait bien me les vendre, mais qu'il ne les apporterait pas chez moi. Maintenant les sangliers et moi nous faisons le sujet de toutes les conversations de Sackatou.

Dimanche 25. J'ai lu le service divin. Il ne s'est passé rien de nouveau depuis ce jour-là, sinon que voici quatre jours que je suis attaqué de la fièvre intermittente.

Mercredi 28. J'ai payé à Malem Mohamed 20,000 cauris pour avoir écrit pour moi une description du pays entre Sackatou et Massina, et entre Kano et le Sennar, et pour avoir dressé une carte du cours du Kouarra entre Cobbi et Massina.

Dimanche 11 mars. Rien de remarquable jusqu'au 12. Ce jour-là un messager du gouverneur de Bouchi est arrivé, il accompagnait une partie des dépouilles enlevées au cheikh du Bornou; c'étaient une vieille tente, un cheval, deux juments et deux tambours. La tente fut dressée dans la place, vis-à-vis de la maison du sultan; deux esclaves furent employés à battre les tambours : toute la population de Sackatou accourut pour contempler ces trophées; les tambours ne cessèrent de battre pendant toute la nuit. Le sultan m'envoya chercher. Il était seul et semblait joyeux des

CHAPITRE VI.

bonnes nouvelles qu'il avait reçues. Quand je me fus informé de sa santé, je lui dis : « J'es-
« père que tu me feras partir aussitôt que ce
« sera possible pour l'Adamowa, et que tu
« écriras au gouverneur de cette province,
« pour qu'il me permette de remonter le Chary
« aussi haut que je pourrai, et me fasse voir
« tout ce que son pays offre de curieux :
« ensuite, si le gouverneur de l'Adamowa pense
« qu'il n'y a pas de danger, il m'enverra à Bou-
« chi, sans qu'il soit nécessaire que je revienne
« à Kano ; de Bouchi je gagnerai Zari, et j'y
« attendrai la fin des pluies ; ensuite j'irai avec
« ton messager à l'autre Kano et à la mer. »

Avant que le sultan pût me répondre, plusieurs des principaux habitants de Sackatou arrivèrent, ce qui interrompit notre conversation : c'est pourquoi je pris congé de lui, et il fixa un autre jour pour me donner les renseignements que je sollicitais.

Nota. Ici se termine le Journal de Clapperton. On n'a trouvé parmi ses papiers aucune note postérieure au 11 mars. Mais le Journal tenu par son fidèle domestique Lander, supplée à cette lacune.

JOURNAL

DE

RICHARD LANDER.

JOURNAL
DE
RICHARD LANDER,

DE KANO A SACKATOU.

Novembre 1826.— 20. Le matin de ce jour, le sultan m'envoya chercher par un de ses gens : je me rendis de suite chez lui, et, après une heure d'attente dans un *couzie*, je fus introduit. Il m'apprit qu'il avait reçu une lettre de mon père (après la mort du docteur Morrison, j'ai toujours passé pour le fils de mon maître), qui le priait de m'envoyer à Sackatou, avec tous les objets confiés à ma garde. Mon maître m'avait également écrit deux jours auparavant, mais dans cette lettre il n'exprimait pas une telle intention, au contraire, il me mandait qu'il serait près de moi très-prochainement : il se plaignait encore d'un violent mal de côté, auquel, depuis quelque temps, il était fréquemment sujet. Ne m'écrivant plus par le courrier de ce jour, je m'imaginai qu'il était mort, et que le roi, par un motif de délicatesse, éloignait de moi cette triste nouvelle.

22. Le sultan me prévint qu'il avait le projet de faire présent à mon père de cinq bœufs destinés à porter à Sackatou les marchandises et mes autres effets, et de me fournir quatre hommes pour les soigner pendant la route. Il désirait que je partisse le 25.

23. J'allai dans la matinée prendre congé du prince, et lui présenter mes respects; au moment de nous séparer, il me dit, avec une expression toute bienveillante et en me pressant les mains dans les siennes : « Bon garçon, petit chrétien, que Dieu te conserve sain et sauf jusqu'à Sackatou. » Il me remit une lettre pour mon père, et me chargea de présenter ses compliments au roi des musulmans (c'était ainsi qu'il désignait toujours le sultan Bello). En rentrant chez moi, je trouvai Hadji Hat-Salah qui m'y attendait, pour m'engager à emporter toute la monnaie de mon maître, qui consistait en 212,000 cauris; comme je ne pouvais le faire sans chameau, j'en achetai un qui me coûta 62,000 cauris.

24. A sept heures et demie du matin je quittai ma maison, accompagné par le vieux Pas-

coe, un messager de Bello, et par un envoyé du roi de Kano. Je ne pus toutefois franchir les portes de la ville avant dix heures : les bœufs étaient rétifs et jetaient souvent leur charge à terre : ce contre-temps nous retarda beaucoup. A une heure je fis halte à Zungegwa ; je me rendis près du chef de cette ville, auquel je fis présent d'une paire de ciseaux, de cinquante aiguilles et de quelques clous de girofle, qui paraissaient lui faire grand plaisir. Il me logea dans une de ses meilleures huttes, en me donnant gracieusement la permission d'y séjourner tant qu'il me plairait ; il m'envoya bientôt après du beurre, du lait caillé, une couple de belles volailles et du blé.

25. A six heures du matin, je sortis de la cabane de cet hospitalier Africain ; en six heures j'arrivai à Marki, grand village mal peuplé. Le chef, vieux homme de quatre-vingt-dix ans, d'un excellent cœur, me parut faible et très-cassé : il était enchanté de me voir, ce qu'il me prouvait en me serrant souvent la main, et en me faisant toutes sortes d'amitiés ; il m'offrit des poules, du riz, du blé et du *touah*. Après quelques instants de conversation, il me fit entrer dans un appartement intérieur, et

m'ordonnant de m'asseoir, il alla prendre, dans une calebasse suspendue à une espèce de soliveau qui tenait au toit, une petite caisse de peau recouverte de cinq cents aunes de fil au moins, qu'il fut plus de vingt minutes à enlever. Il me fit voir dans cette boîte quatre morceaux d'étain, environ une charge ordinaire de chasse, qu'il me dit être des grains d'argent : il ajouta, très-sérieusement, qu'un Arabe lui avait fait ce cadeau, il y avait environ quinze ans, en l'assurant que tout cela était plein de vie, que les gros morceaux étaient les mâles et les petits les femelles, et qu'il en naîtrait de jeunes tous les douze ans, avant lequel temps il ne devait, sous aucun prétexte, les regarder. Il les avait enveloppés dans du coton pour les tenir bien chaudement, et le fil avait pour objet d'assujettir tellement la boîte, que la jeune couvée ne pût s'échapper. « Mais, dit le vieux homme avec un air tout-à-fait désappointé, quoique j'aie conservé le tout avec le plus grand soin depuis douze ans, en ne permettant à personne d'approcher de la boîte, j'ai trouvé, à mon grand regret, qu'au bout de ces douze ans la famille n'était pas augmentée, et je commence à croire que cela n'arrivera jamais. » En finissant ces paroles, il était si affecté qu'il fondit en larmes. Ce ne fut pas sans peine que je parvins à m'empêcher de lui rire au nez; je triomphai cependant de ma disposition à une gaîté bruyante, et m'empressai de le détromper, en lui disant, avec un accent aussi solennel que la circonstance l'exigeait, que l'Arabe était un fripon qui s'était moqué de lui, que ces morceaux d'étain étaient inanimés et ne pouvaient en produire d'autres. Je cherchai à le consoler, en ayant l'air de partager son chagrin : il finit par se calmer un peu, quoique de temps en temps il ne pût s'empêcher de sangloter. Après avoir répondu aux nombreuses questions qu'il m'adressa sur mon pays, je le quittai pour aller me reposer; j'en avais besoin, ayant été attaqué de la dyssenterie toute la journée.

26. Je ne pus dormir, et je partis à six heures du matin pour continuer ma route. A dix heures, je dépassai une grande ville fellata, que l'on appelle Kaowah, dans le voisinage de laquelle paissaient de nombreux troupeaux, tels que vaches, bœufs et brebis. Ici, comme dans d'autres parties du Haoussa, les vaches sont assez ordinairement blanches, et les moutons

tachetés de noir et de rouge. Le coup-d'œil en est fort agréable de loin, et me donnait l'idée de ces troupeaux de moutons du patriarche Jacob, dont il est parlé dans l'Écriture. Une marche de quatre heures nous conduisit à Goguay, grande ville murée : les portes en étaient si étroites, qu'il était impossible d'y faire passer nos bêtes de somme avec leurs charges. J'étais souffrant, et ayant grand besoin de repos, je ne voulus pas perdre le temps à faire transporter nos ballots sur la tête de nos gens; je me décidai à passer la nuit sous les branches touffues d'un gros arbre. Le chef, instruit de mon arrivée, vint me voir, s'assit à mon côté, et entra familièrement en conversation avec moi. Il me fit observer que les tigres étaient très-communs dans toute cette partie, et qu'il était prudent de tenir pendant la nuit un grand feu allumé autour de nos gens, de nos montures et de nos bêtes de somme, pour les mettre à l'abri de la voracité de ces terribles ennemis. Ce chef m'apprit ensuite que, deux ans auparavant, sa ville avait été prise et pillée par les Gouberi; les habitants avaient été presque tous passés au fil de l'épée, lui-même avait eu beaucoup de peine à s'échapper et à conserver sa vie. Cela m'expliqua la pauvreté de cette ville et la faiblesse de sa population. Le chef, très-pauvre aussi, m'ayant quitté, il fut remplacé par deux nouveaux mariés. Je donnai à la jeune épouse, jolie fille de dix-huit ans, pour cent cauris environ de pois d'Angole; elle m'en remercia de la meilleure grace du monde, en mettant un genou en terre, et, peu de moments après, elle m'envoya du lait caillé; c'était, dans ma position, le présent le plus agréable qu'elle pouvait me faire.

28. Je quittai Goguay à six heures et demie, et à midi, je fis halte à Koukay, petit village très-misérable. Je reçus quelques provisions du chef, et j'entendis les plaintes des habitants, qui déploraient les ravages faits à leurs moissons par des pigeons sauvages; ils étaient tristes et paraissaient fort pauvres. Je dormis un peu; c'était un soulagement que je ne connaissais guère.

29. Je me mis en route comme la veille, et m'arrêtai, vers la même heure, à Duncammi, petite ville murée, dont la propreté me plut infiniment. Les habitants sont très-bien vêtus. Chaque pouce de terre était planté de tabac,

et ces plantations étaient défendues avec beaucoup d'art par des tiges sèches de la même plante. Les naturels fabriquent une grande quantité d'étoffes de coton élégantes et solides. Les cuves à teinture sont dans le nord de la ville. Le mur qui l'entoure est en ruine. Le chef me reçut bien, et me fit donner le meilleur appartement de son habitation, ainsi que d'abondantes provisions; en retour, je lui fis cadeau d'un couteau à ressort fermant et de cent aiguilles.

30. Départ à six heures, et halte à une heure après midi à Gaza; excellente réception du chef, qui me loge chez lui.

31. Nous continuâmes notre voyage à l'heure ordinaire, et nous nous arrêtâmes à Rayou, vers une heure. Je me trouvai plus mal, plus faible; je ne voyais plus et ne pouvais me soulever dans mon lit. M'imaginant que j'allais bientôt rendre l'ame, j'appelai Pascoe près de mon lit, et lui enjoignis de se rendre en toute hâte à Sackatou après qu'il m'aurait mis en terre et de prendre le plus grand soin de tous les objets qu'il aurait alors en garde; je l'assurai que mon maître le récompenserait.

1er Décembre. Je me trouvais plus mal; je

ne pouvais rien prendre; j'attendais la mort à chaque instant.

2. Le lendemain, je n'étais pas mieux, et je m'étonnai de résister aussi long-temps. Je me ranimai un peu, vers deux heures de l'après-midi; mais incapable de me tenir assis, et tourmenté du désir de voir mon maître avant d'expirer, j'ordonnai à mes gens de me faire une espèce de lit sur le dos du chameau; ils m'y placèrent doucement, et nous partîmes. Le chef de Rayou, l'un des principaux guerriers de Bello, me montra beaucoup de bienveillance : il sympathisait à mes douleurs : il souffrait de mon départ, et ne me cachait pas tout le danger que j'allais courir, en voyageant dans ma position. Je fus inébranlable. Le chemin tracé était fort étroit, et couvert, des deux côtés, par des espèces d'épines dont les branches s'avançaient souvent sur le sentier, déchiraient la couverture de mon lit et me laissaient ainsi exposé à l'ardeur d'un soleil brûlant. Le messager du sultan de Kano me rendit le bon office de me précéder de quelques pas, et d'abattre avec son cimeterre les branches incommodes. Les violentes secousses du chameau me causèrent de fréquentes faiblesses, qui forçaient

mes gens à s'arrêter jusqu'à ce que j'eusse repris mes sens. Je cheminai ainsi jusqu'à sept heures du soir, heure à laquelle j'entrai dans les murs de Koulefi. Le chef, bon vieillard, qui n'avait jamais vu de blanc, ne put contenir sa joie lorsqu'il sut que j'arrivais; il courut au-devant de moi, m'enleva de dessus le dos de mon chameau, et me porta dans ses bras jusqu'à l'appartement qu'il m'avait fait préparer; il me plaça lui-même sur un lit, et, tirant une datte de sa poche, il m'en fit manger une des extrémités, et mangea le reste avec empressement. Les principaux personnages de sa suite semblaient le blâmer de cette action; mais il leur répliqua sur-le-champ d'une manière enjouée, et cependant d'un ton très-ferme, qu'il était persuadé que le petit chrétien était un aussi excellent homme que lui-même et qu'aucun d'eux. Ils se turent, et sur-le-champ cet hôte généreux alla me chercher une grande jatte de lait doux, dans lequel il avait mêlé un peu de farine et de miel; il voulait me voir manger le tout avant de me quitter. Toutefois j'en usai sobrement; je n'en pris d'abord qu'une partie, mais j'y revins plus d'une fois dans la nuit : cette mixtion me rafraîchit et me fortifia.

3. Dès le lendemain j'en éprouvai les plus heureux effets; je me trouvai assez bien pour faire la route à cheval. La journée fut courte. Je m'arrêtai dans un pauvre village nommé Zunko, où je passai la nuit.

4. Je le quittai au soleil levant, et, à deux heures de l'après-midi, j'atteignis Roma, après une longue et pénible marche. Roma est bâtie sur une éminence, et domine une charmante contrée, sur laquelle la vue s'étend au loin. Le chef me donna l'hospitalité et me fournit de provisions. Des ciseaux, des aiguilles, des clous de girofle, lui témoignèrent ma reconnaissance. Quelques jeunes filles fellatah, belles et jolies, au teint cuivré mais animé, aux formes délicates et gracieuses, vinrent me rendre visite dans la soirée. Curieuses comme toutes les femmes, elles s'empressaient de jeter un coup d'œil sur le petit chrétien, ayant déja vu le grand chrétien, nom qu'elles donnaient à mon maître. Elles m'apportèrent ensuite du lait et du beurre, et je leur offris en retour quelques grains de verroterie. Ici, je m'en souviens encore avec un plaisir inexprimable, la dyssenterie me quitta tout-à-fait, et ma santé s'améliora comme par miracle.

5. Je quittai Roma pour Bogel, où j'arrivai à quatre heures et demie de l'après-midi. Je fus à cheval toute la journée sans en être incommodé. Le chef qui me logea me donna un peu de blé pour mes chevaux seulement. Je dormis toute la nuit profondément. Le matin je me trouvai complètement rétabli.

6. J'arrivai à Zoulami après huit heures de marche. Le chef de cette ville fut enchanté de me voir, et me donna quatre hommes pour ma garde et celle de mes effets : cette précaution était dictée par la crainte qu'une bande de voleurs, qui infestait le pays depuis quelque temps, ne fît main basse sur nos bagages. On m'invita même à tirer quelques coups de fusil, matin et soir, afin que les brigands fussent avertis que j'étais préparé à les bien recevoir. Je n'eus rien à démêler avec ces bandits. Le roi de Cachenah ne fut pas si heureux : la veille on lui avait volé un beau cheval, qu'il n'avait jamais pu retrouver. Nous séjournâmes deux jours ici pour nous remettre un peu de nos fatigues, et donner du repos à nos montures et à nos bêtes de charge.

9. A six heures je sors de Zulami. A deux heures j'arrive à Gundomowah, joli village fellatah. Le chef me fait donner du lait.

10. Je partis pour me rendre à Sansani : le pays que nous traversions était généralement couvert; nous marchâmes pendant trois heures à travers d'épaisses broussailles. Des pas d'éléphants profondément imprimés rendaient la route pénible et dangereuse; à une heure nous entrâmes à Sansani. Il y . peu de temps que le site, sur lequel cette ville est bâtie, a été éclairci. Les maisons n'y sont pas encore terminées. A notre arrivée, le chef fit nettoyer une espèce de hangar occupé par quinze veaux; cette étable nous fut destinée. Dans la soirée, je fis mettre les bagages au centre, mes hommes rangés autour d'eux, et moi je me plaçai au milieu, près des objets les plus précieux. Ne les trouvant pas encore suffisamment en sûreté, mon sommeil fut troublé par cette idée. Je m'éveillai à dix heures et m'aperçus que mon chameau s'était échappé et rôdait dans le voisinage du hangar. Ne voulant point éveiller mes compagnons, j'allai moi-même à sa recherche; mais à mon retour, quelle fut ma surprise, lorsque je découvris que Pascoe s'était enfui emportant avec lui un bon fusil, deux pistolets, un coutelas, six souverains, dix-neuf piastres, dix grands et dix petits couteaux, et quelques

autres choses qu'il avait prises dans les caisses où elles étaient placées. L'artificieux coquin, pour me mieux tromper, s'était avisé de mettre un oreiller dans un sac, et de placer le tout sur la natte où il couchait. A cette triste découverte, je me hâtai de répandre l'alarme, et j'envoyai demander au chef douze cavaliers pour courir de suite après mon voleur.

11. Le lendemain, je me reposais dans ma hutte, lorsque, à trois heures après midi, je vis un parti de cavaliers qui s'avançait vers moi au grand galop; ces cavaliers s'arrêtèrent tout-à-coup à quelques pas du hangar, et, brandissant leurs sabres au-dessus de leurs têtes, ils s'écrièrent : *Nasarah acqui de mougou!* (Chrétien, nous avons le voleur.) Ils me racontèrent que, peu d'instants avant le point du jour, ils avaient entendu le bruit d'un coup de fusil, et que, se dirigeant vers le lieu d'où le son semblait provenir, ils avaient vu Pascoe perché sur le sommet d'un grand arbre, au pied duquel étaient déposés les objets volés. Ils l'avaient menacé de le percer de leurs flèches empoisonnées s'il ne descendait sur-le-champ; menace qui l'avait déterminé à se mettre de suite entre leurs mains. Un des ca-

valiers le prit en croupe, et toute la troupe courant à toute bride s'était hâtée de revenir au village, et de le ramener devant moi. J'interrogeai Pascoe sur le motif qui avait pu le porter à m'abandonner et à me piller ainsi. Il me répondit que ses compatriotes les Gouberi étant en guerre avec les Fellatah, il craignait que ceux-ci ne lui coupassent la tête à son arrivée à Sackatou. Le chef survint dans ce moment, et s'écria en me voyant : « Béné-« diction, bénédiction, ils ont pris le fripon. « Laisse-moi lui couper le cou. » C'était le troisième délit dont Pascoe se rendait coupable envers moi. J'ordonnai qu'il fût mis aux fers et renfermé dans la prison de la ville.

12. Ce malheureux ayant témoigné le désir de me voir, je l'envoyai chercher; il me demanda très-piteusement pardon, et, me montrant ses bras nus, tellement enflés qu'ils étaient trois fois plus gros que dans leur état naturel, il me supplia de lui accorder au moins la grace de n'être plus ainsi garrotté. J'y consentis, mais il garda ses fers jusqu'au moment où nous quittâmes la ville.

13. Ce jour, nous y vîmes entrer 500 chameaux chargés de sel obtenu sur les frontières

du grand désert. Vingt marchands touarik les précédaient. Leur taille était élevée et leur aspect imposant. Ils entrèrent au grand trot montés sur de beaux chameaux, dont partie au poil rouge et blanc, et partie noirs et blancs. Toute cette troupe portait le même costume, le pantalon et la veste d'étoffe de coton noire, et le bonnet et le turban blancs. Un long sabre du plus beau poli brillait dans leur main droite. De la gauche ils soutenaient un bouclier de cuir blanc orné au milieu d'un morceau d'argent, et tenaient encore la bride de leurs chameaux. Comme ils passaient près de moi, leurs armes réfléchirent les rayons du soleil, et cet effet inattendu et la tournure militaire de ces hommes me charmèrent au-delà de ce que je puis dire. Parvenus devant l'habitation du chef, ils s'arrêtèrent tout-à-coup et s'écrièrent tous ensemble : *Choir !* A ce mot leurs chameaux plièrent les genoux, et chaque cavalier mit pied à terre pour aller offrir ses respects au chef. Ils me firent une visite en corps, quelques instants après ; et, malgré leur aspect très-respectable, leur air guerrier et leur mise opulente, ils ne crurent pas déroger en me demandant l'aumône de la manière la plus pressante et la plus importune. Un d'eux, dans l'espoir de me toucher plus sûrement, me dit qu'il était l'esclave de Dieu; ce titre ne me rendit pas plus généreux. Je le refusai en lui faisant observer que Dieu aimait tendrement ses serviteurs et faisait leur bonheur et leur prospérité. Ma réponse ne le fit pas lâcher prise, il devint même si fatigant que je fus obligé de le chasser. Il s'éloigna en murmurant quelque chose que je n'entendis pas, et finit par dire que j'étais la première personne qui lui eût refusé de l'argent. Comme tous leurs pareils, ces marchands étaient très-questionneurs. Parmi les sottes demandes qu'ils m'adressèrent, ils me prièrent de leur dire si quelques-uns de mes compatriotes avaient des queues comme les singes. Je les assurai que cela leur manquait complètement, mais ils ne voulurent pas me croire, et finirent, après une heure de conversation, par aller au-devant des chameaux qui portaient leurs femmes et leurs enfants, et qui n'étaient pas encore arrivés.

14. Mes marchandises étant en sûreté, je pris mon fusil dans la matinée et j'allai à la chasse. Je tuai assez de pigeons pour le dîner. Les Touarik, hommes, femmes et enfants, qui

m'entouraient en grand nombre, s'étonnaient à chaque coup de fusil de voir les oiseaux perchés au sommet des arbres les plus élevés tomber morts à mes pieds. Ils les examinaient avec attention, et convenaient tous que j'étais un excellent homme, beaucoup trop bon pour un kaffir, et digne de devenir un vrai croyant.

16. Dans l'après-midi arriva une escorte de cinquante cavaliers armés, que Bello envoyait pour me conduire à Sackatou. Ils menaient avec eux deux chameaux appartenants à mon maître, et destinés à porter les marchandises. J'appris dans la suite que le gadado les avait empruntés sous un faux prétexte. Un messager appartenant au sultan de Kano, était porteur d'une lettre du capitaine, dont l'escorte n'avait aucune connaissance. Cette lettre attestait l'ignorance où se trouvait mon maître de mon départ de Kano, et son espoir de m'y rejoindre dans huit ou quinze jours. Je fus alors frappé de l'idée que Bello voulait aussi me tenir en son pouvoir, pour déranger complètement nos projets de voyage, et s'emparer de tous les présents destinés au cheikh de Bornou. Après avoir lu cette dépêche, je demandai au frère du gadado, qui commandait l'escorte, si l'in-

tention du sultan n'était pas de me faire assassiner à mon arrivée à Sackatou, pour que mon maître ignorât sa conduite. « Ne crains « rien, me répondit-il, le roi ne te fera aucun « mal; mais comme il n'a jamais vu qu'un « chrétien, il désire en voir un second, et voilà « tout. »

17 et 18. Le frère du gadado me demanda plusieurs fois de l'argent pour acheter des noix de gouro; je le refusai en lui disant que tout celui que je possédais appartenait à mon père, qui m'avait défendu d'en donner à qui que ce fût, à moins d'une permission expresse de sa part. Cette réponse ne lui plut pas; mais il parut plus satisfait lorsque j'ajoutai qu'il serait largement récompensé s'il me rendait sain et sauf à Sackatou.

19. Ce matin je délivrai le vieux Pascoe, qui s'était montré fort paisible depuis son emprisonnement, et qui semblait vraiment contristé et repentant de sa faute. Nous partîmes à deux heures et demie de l'après-midi, après avoir laissé derrière nous un de nos bœufs qui boitait beaucoup. A onze heures du soir nous arrivâmes, très-fatigués, à Magaria. Les chevaux et les chameaux se soutenaient à peine;

ils avaient passé toute la journée sans boire, et mouraient de soif.

21 et 22. Pour leur donner le temps de se remettre et de reprendre quelques forces, je passai deux jours à Magaria; j'habitai pendant ce temps une maison appartenant au gadado, qui me fournit des vivres en abondance. Il me fit prier de me rendre près de lui avec mon fusil, afin de montrer aux principaux personnages de la ville comment on s'y prenait dans mon pays pour tuer les oiseaux. Je satisfis leur curiosité, en tirant à cinquante yards (1) un petit oiseau que j'abattis. Les spectateurs étaient émerveillés de mon adresse; ils se passaient la pauvre petite bête de main en main, et furent fort long-temps à se persuader qu'elle était bien réellement morte.

23. A ma grande satisfaction, j'entrai enfin dans les murs de Sackatou, à deux heures de l'après-midi, après un pénible et ennuyeux voyage de près d'un mois : il y en avait trois que je n'avais vu mon maître; je me rendis chez lui en toute hâte. Mais ne l'y rencontrant

---

(1) Un yard (3 pieds anglais) ou 0^m,9144.

pas, j'allai chez le gadado, où l'on m'assura qu'il se trouvait. Lorsque j'entrai, il discutait vivement avec ce dernier et un vieil Arabe. Il fut surpris au dernier point lorsque je lui fis part du motif qui m'avait fait quitter Kano; il se plaignit avec chaleur de l'indigne et artificieuse conduite du sultan. Depuis ce moment, qui lui révélait un acte d'odieuse fourberie de ce chef, jusqu'à l'heure de sa mort, je ne l'ai plus vu sourire. Il avait été fort incommodé de la dyssenterie avant mon retour; il était mieux le jour de notre réunion.

Séjour à Sackatou. — Mort de mon maître. — Funérailles.

Le lendemain de mon arrivée, nous reçûmes l'ordre de nous rendre, mon maître et moi, à la résidence du sultan Bello. A peine fûmes-nous devant lui, qu'il commença à nous accabler de questions sur la nature des présents que j'avais apportés; il était curieux de savoir si j'en avais laissé quelques-uns chez Hadji Ben Salah, pour le cheikh du Bornou. Je lui répondis négativement. « Es-tu bien sûr de ce que tu dis? me répliqua-t-il. » J'affirmai de nouveau que je n'en avais pas laissé. Le sultan demanda alors qu'on lui remît les lettres du roi d'Angleterre pour le cheikh. Mon maître les lui donna avec beaucoup de répugnance ; mais il refusa de les ouvrir, comme Bello le désirait, en lui faisant observer que s'il violait ainsi le dépôt qui lui était confié, le roi d'Angleterre le ferait décapiter à son retour. Le sultan ayant pris les dépêches, nous fit signe de la main de nous retirer, et nous quittâmes l'appartement. Il n'y avait pas deux heures que nous étions rentrés dans notre cabane, que s'y présentèrent le gadado, son frère, Hadji Ben Salah, et quelques-uns des principaux habitants de Sackatou. Ces hommes lui demandèrent, au nom de Bello, les présents destinés au cheikh du Bornou, et la remise des armes et des munitions dont nous n'avions pas besoin pour nous-mêmes. A cet étrange message, mon maître devint furieux, et, se levant de son lit, il s'écria avec autant d'énergie que d'amertume : « Vous êtes sans foi ; vous êtes une nation sans probité ; vous êtes pires que des voleurs de grand chemin. » Le gadado et ses compagnons le prièrent d'être plus mesuré dans ses expressions, ou de craindre pour sa

tête. « Si ma tête tombe, répondit mon maître, je perdrai la vie en défendant uniquement les droits de mon pays. » Les envoyés du sultan lui remontrèrent de nouveau le danger d'un tel langage, et le supplièrent d'acquiescer au désir du prince. Je me joignis à eux, en ajoutant que, quelque injuste et tyrannique que fût la demande qu'on lui faisait, il n'était pas en son pouvoir de la refuser. « Que peuvent
« ici deux blancs faibles et malades, lui dis-je,
« et quelle résistance raisonnable sont-ils en
« mesure d'opposer à cette multitude de Fellatah
« fanatiques, qui n'attendent que l'ordre de
« leur maître pour nous assassiner? » A regret et comme malgré lui, mon maître se rendit enfin, et ordonna que ce qu'ils demandaient leur fût remis. « Allez dire à votre souverain, ajou-
« ta-t-il, que je ne désire plus le voir, et que
« tout est fini entre nous. » Quelques instants après, Malem Moudie revint avec un message du sultan, qui annonçait son intention d'écrire au roi d'Angleterre, pour lui faire part des motifs de sa conduite. Mon maître le chargea de répondre au sien, que le roi d'Angleterre ne jetterait même pas les yeux sur sa

lettre, après l'injuste traitement qu'il avait fait subir à ses sujets.

Un jour, je saisis l'occasion de faire part à mon maître de la honteuse et criminelle conduite de Pascoe ; il fut chassé de suite, et ses gages furent retenus. Notre voleur alla consulter un homme de loi sur ce qu'il devait faire en cette circonstance ; mais l'homme de loi, au lieu de lui donner l'espoir d'obtenir en justice la somme qui lui était due, lui exprima son étonnement de ce qu'Abdaliah ne lui eût pas fait trancher la tête. Pascoe devint alors marchand de tabac ; mais ayant accordé crédit à trop de gens, il fit banqueroute, et se vit réduit, pour vivre, à aller couper du bois dans le voisinage et à le vendre au marché de Sackatou.

Le gadado m'ayant prié de lui prêter mon chameau pour aller à la guerre contre le cheikh du Bornou, je crus qu'il serait impolitique de le lui refuser ; il me le renvoya six semaines après, mais dans le plus pitoyable état : le pauvre animal ressemblait à un squelette, et avait sur le dos deux trous très-profonds. Je priai le gadado de m'en donner un autre à sa place, ce qu'il se garda bien de faire. Nous jouissions alors, mon maître et moi, d'une assez bonne santé; presque tous les jours nous allions à la chasse pour nous distraire un peu. Une fois, à deux milles dans le nord de la ville, mon maître abattit d'un seul coup treize canards sauvages, dont dix furent ramassés. Nous prolongions notre séjour à Sackatou, espérant toujours que le sultan nous permettrait de continuer notre voyage pour le Bornou, aussitôt que les hostilités seraient suspendues entre les deux pays; mais cette permission tant désirée, nous ne pûmes jamais l'obtenir.

Le 12 mars 1827 fut pour moi un jour d'alarme et de douleur. Mon maître fut attaqué de la dyssenterie : il s'était plaint, la veille et la surveille, d'une chaleur brûlante dans l'estomac; mais il ne souffrait pas ailleurs. Du moment où il tomba malade, la transpiration devint abondante, des gouttes de sueur roulaient sans cesse sur toutes les parties de son corps; cela l'affaiblissait prodigieusement. Nous étions alors dans le temps du jeûne du Rhamadan; je ne pouvais obtenir le moindre service de personne, pas même de nos domestiques. J'étais obligé de laver et de nettoyer son linge et ses habits, occupation pénible qui se renouvelait huit ou dix fois par jour; il me fallait encore allumer et entretenir le feu, et préparer nos repas, et, dans les intervalles que me laissaient tant de soins, j'avais un autre devoir à remplir, celui de rafraîchir mon maître en l'éventant continuellement, ce qui me fatiguait beaucoup. Je m'aperçus bientôt que je ne pouvais suffire à tout, et je demandai à Malem Moudie de m'envoyer une femme esclave pour tenir l'éventail à ma place. Elle s'acquitta d'abord de cette besogne avec intelligence; mais son zèle ne tarda pas à se relâcher, et bientôt, sous le prétexte qu'elle était fatiguée, elle sortit pour quelques minutes et ne revint pas. Alla Serkis, jeune homme que mon maître avait acheté sur la route de Kano pour soigner des chameaux, qu'il avait toujours traité avec cette bonté qui lui était familière, auquel même il avait donné la liberté, n'eut pas plus tôt connaissance de son état de souffrance, qu'il devint paresseux; au lieu de conduire les chameaux dans les gras pâturages voisins, il les laissait aller où ils voulaient, tandis qu'il passait son temps, comme un vagabond, à courir par la ville, se mêlant sans cesse à la plus vile canaille. Les chameaux maigrirent à vue d'œil; j'en fis connaître la raison à mon maître, qui, sur-le-champ, déchargea Serkis du soin de les garder.

Cependant la maladie de mon pauvre maître faisait de rapides progrès. La chaleur était insupportable; le thermomètre de Fahrenheit, à l'ombre, marquait 107 à midi, et 109 à trois heures. D'après le désir du capitaine, je lui préparai une espèce de couche en dehors de la hutte et à l'ombre, et je plaçai ma natte à ses côtés; pendant cinq jours je le portai tous les matins de son lit dans l'intérieur sur sa couche en plein air, et, au soleil couchant, je le reprenais dans mes bras pour le replacer sur son lit. Bientôt la faiblesse fut telle qu'il ne put supporter ce transport. Une seule fois, pendant sa maladie, il essaya d'écrire; mais avant que l'encre et le papier fussent devant lui, il retomba sur son oreiller, ne pouvant même se tenir assis dans son lit. Divers symptômes m'ayant fait supposer qu'il pouvait avoir été empoisonné, je lui demandai s'il ne croyait pas que, dans une de ses visites aux Arabes ou aux Touarik, on eût introduit quelque poison dans le lait de chameau qu'on lui avait donné, et qu'il aimait tant. « Non, mon cher enfant, répondit-il, non ; une telle chose n'a pas été tentée, je vous l'assure. Vous rappelez-vous, ajouta-t-il, que dans la première quinzaine de février, chassant dans les environs de Magaria, je restai tout le jour exposé aux rayons d'un soleil de feu : accablé de fatigue, j'allai me coucher quelque temps sous les branches d'un arbre ; la terre était molle et humide. De cette heure à celle-ci j'ai toujours ressenti du froid : voilà la véritable cause de ma maladie, dont je crains de ne jamais me rétablir. »

Pendant vingt jours mon maître resta dans le même état de faiblesse et de dépérissement. Voulant me consoler et me voyant découragé, il me disait qu'il ne souffrait pas ; mais ses douleurs doivent avoir été aiguës. Il allait toujours déclinant : son corps, jadis robuste et vigoureux, était pâle et amaigri ; ce fut bientôt un véritable squelette. A une exception près, je fus la seule personne qu'il vit dans le cours de sa maladie. Abderahman, Arabe du Fezzan, lui rendit visite un jour ; il désira prier avec lui à la manière de ses compatriotes, et nous quitta immédiatement après. Son sommeil était court et troublé par des rêves effrayants. Au milieu de ces songes, il adressait aux Arabes d'amers reproches; mais, étranger à la langue qu'il employait, je ne pouvais le comprendre. Je lui lisais chaque jour quelques passages du Nouveau-Testament et le Psaume quatre-vingt-quinzième; le dimanche, j'ajoutais à ces pieuses lectures celle du service divin, qu'il écoutait toujours avec une profonde attention. L'agitation continuelle de mon esprit, le mouvement que je me donnais sans cesse pour vaquer à tous mes devoirs, la privation du sommeil nécessaire pour réparer mes forces, m'affaiblirent de jour en jour; je ne dormais que par moments, et toujours habillé. La fièvre me prit quelque temps avant la mort de mon maître, et pendant quinze jours me mit à deux doigts de la mort. Me trouvant alors incapable de donner à mon malade tous les soins que requérait sa position, je le priai de reprendre le vieux Pascoe à son service; ce à quoi il consentit. Pascoe, en entrant dans la hutte, tomba à genoux et pria le capitaine de lui pardonner, en promettant d'être fidèle et soigneux à l'avenir; il obtint sa grace et l'oubli du passé, à charge de se bien conduire par la suite. Je me trouvai ainsi déchargé de tous les gros ouvrages, et libre de donner tous mes soins à la personne de mon maître : je l'éventais des heures entières, et cette fraîcheur artificielle semblait le seul moyen de diminuer l'ardeur brûlante dont son corps était dévoré. Sa conversation roulait presque entièrement sur son pays et ses amis; mais aucune parole de regret de les avoir quittés ne lui échappait. Patient et résigné au dernier point, il ne murmurait pas contre sa destinée; aucune expression de mécontentement ne sortait de sa bouche.

Le 1er avril. Son état empira visiblement; son sommeil devint plus agité. Pendant trois jours, il s'administra, quatre fois par jour, huit gouttes de laudanum; mais, s'apercevant qu'il n'en éprouvait aucun bien, il les supprima tout-à-fait. Cette teinture, deux cornets de sel de Sedlitz et quatre onces de sel d'Epsom furent les seuls remèdes dont il fit usage pendant sa maladie. Le 9, Maddie, natif de Bornou, que le capitaine avait retenu à son service, lui apporta douze onces d'écorce verte de l'arbre à beurre, en l'assurant que cela lui ferait grand bien. Malgré mes remontrances, mon maître ordonna d'en préparer sur-le-champ une décoction, en me disant que personne n'en voulait à sa vie. Maddie en fit bouillir dans deux bassins, et mon maître but le tout en moins d'une heure. Le lendemain matin, il fut plus altéré que de coutume, et regretta de n'avoir pas suivi mon conseil. Vers midi, il me dit : « Richard, dans peu de temps je ne serai plus ; je me sens à l'agonie. » Brisé de douleur, je répondis : « Dieu vous protégera, mon cher maître, et vous vivrez encore de longues années. — Il ne faut pas vous affecter ainsi, mon cher enfant ; c'est la volonté du Tout-Puissant, je ne puis être secouru. Prenez soin de mon journal et de mes papiers après ma mort, et, quand vous arriverez à Londres, rendez-vous de suite chez mes agents ; envoyez chercher mon oncle, qui vous accompagnera au bureau des colonies, et qui sera témoin du dépôt que vous ferez de mes journaux aux mains du secrétaire. Lorsque vous m'aurez mis en terre, adressez-vous à Bello, et empruntez-lui l'argent nécessaire pour acheter des chameaux et des provisions pour votre voyage. Retournez-vous-en par la voie du désert, dans la compagnie des marchands arabes, et rendez-vous au Fezzan. Si vous n'avez plus d'argent en arrivant dans ce pays, envoyez un messager à M. Warrington, notre consul à Tripoli, et attendez son retour et la lettre de change dont il sera porteur. A votre arrivée à Tripoli, ce gentleman vous avancera l'argent que vous lui demanderez, et vous fera passer en Angleterre à la première occasion. Ne vous embarrassez pas de mes livres; laissez-les ici, de même que le baromètre, les boîtes et toutes les autres choses un peu lourdes que vous ne pourrez facilement emporter avec vous. Confiez le tout à la garde de Malem Moudie, qui en prendra soin. Mes agents vous paieront les gages que je vous ai promis, aussi bien que la somme que le gouvernement m'a allouée pour un domestique. Remarquez bien quels sont les villes et les villages par où vous passerez; faites attention à ce que les chefs pourront vous dire, et écrivez-le. Je vous donne le peu d'argent que je possède et tous mes habits; vendez-les, et gardez pour vous ce que vous en aurez touché. Si, pendant votre voyage, vous étiez obligé d'employer vos propres fonds, le gouvernement, à votre retour, vous remboursera ce que vous aurez avancé. » Je répondis, autant que je m'en souviens : « Si c'est la volonté de Dieu de vous appeler à lui, soyez certain que je m'acquitterai fidèlement, et autant que j'en suis capable, des instructions que vous me donnez, et que j'obéirai exactement à vos ordres. Mais j'ai confiance que le Tout-Puissant daignera vous épargner, et que vous vivrez assez long-temps pour revoir votre patrie. — J'ai cru pendant quelque temps, mon cher Richard, que j'aurais ce bonheur; mais, ajouta-t-il, tout est maintenant fini, je n'ai pas long-temps à rester sur la terre; que la volonté de Dieu soit faite! » Il prit alors mes deux mains dans les siennes, les serra tendrement, et, fixant sur moi des yeux mouillés de larmes, il me dit d'une voix faible et pathétique : « Richard, si vous n'aviez pas été avec moi, il y a long-temps que je ne serais plus; dans mes derniers moments, je ne puis que vous remercier de votre bon cœur et de votre attachement. Si j'avais assez vécu pour revoir l'Angleterre avec vous, je vous y aurais placé à l'abri du besoin; mais Dieu vous récompensera. » Pendant cette conversation, qui avait duré près de deux heures, mon maître avait éprouvé plusieurs faiblesses ; il paraissait affligé au-delà de toute expression. Le même soir, après quelques instants d'un sommeil pesant et agité, il se réveilla en sursaut et s'écria qu'il avait distinctement entendu le tintement de la cloche des funérailles. Je le priai de se tranquilliser, en ajoutant que les malades s'imaginent fréquemment voir et entendre des choses qui n'ont aucune réalité. Il ne répliqua pas.

Mon maître se trouvant mieux le 11 au matin, me donna l'ordre de lui faire la barbe; il n'avait cependant pas la force de soulever sa tête de dessus l'oreiller, et il me fallut, après l'avoir rasé d'un côté, le retourner dans son lit pour le raser de l'autre. S'étant ensuite regardé dans un miroir, il remarqua qu'il était tel que dans une maladie qu'il éprouva au Bornou lors de son premier voyage; et, comme il avait été fort long-temps à s'en rétablir, il espérait qu'il pourrait encore retrouver cette fois la santé. Le lendemain, il s'imagina qu'il était beaucoup mieux; je commençai, je l'avoue, à me flatter aussi. Il mangea un morceau de pintade : ce qu'il n'avait pas fait encore depuis qu'il était malade, ne se nourrissant que de bouillon de volaille, de lait et d'eau. Le 13, en m'éveillant je fus tout effrayé; j'entendis un fort râlement qui sortait de la gorge de mon pauvre maître, sa respiration était pénible. Il m'appela d'une voix défaillante et précipitée. J'accourus près de lui et fus tout surpris de le voir assis sur son lit, droit et promenant autour de lui un regard fixe et égaré. Je le pris dans mes bras, et plaçant doucement sa tête sur mon épaule gauche, je considérai un moment sa figure pâle et décomposée. Quelques mots inarticulés expirèrent sur ses lèvres. Il fit de vains efforts pour parler, et expira sans convulsions et sans pousser un seul soupir. Lorsque je l'avais vu prêt à rendre l'ame, je m'étais écrié : O mon Dieu, mon maître se meurt! Ce cri de désespoir avait attiré dans l'appartement Moudey et le vieux Pascoe. Lorsque l'infortuné capitaine eut fermé les yeux, j'ordonnai à ce dernier d'aller chercher de l'eau; je lavai le corps, et, aidé de mes deux compagnons, je le plaçai en dehors de la hutte sur une natte blanche, et l'enveloppai d'un drap et d'une couverture. Je mis une autre natte sur le tout, et deux heures après je fis avertir le sultan Bello de la perte cruelle que je venais de faire, en lui demandant la permission d'enterrer mon maître à la manière de mon pays, et le priant de me faire désigner l'endroit où je pourrais déposer sa dépouille mortelle. Mon messager revint bientôt avec le consentement du sultan à la première partie de ma demande; et le même jour à midi, quatre esclaves me furent amenés de la part de Bello pour creuser la fosse. Me proposant de les suivre avec le corps, je le fis placer sur le dos de mon chameau, et le couvris du pavillon de la Grande-Bretagne. Notre marche fut lente, et nous nous arrêtâmes à Djungarie, petit village bâti sur une éminence à cinq milles dans le sud-est de Sackatou. Le corps fut enlevé de dessus le chameau et placé d'abord sous un hangar, tandis que les esclaves creusaient la fosse, ensuite transporté près d'elle lorsqu'elle fut achevée. J'ouvris alors un livre de prières, et d'une voix entrecoupée de sanglots, je lus l'office des morts. Personne ne prêtait l'oreille à cette triste lecture, et n'allégeait ma douleur en la partageant. Les esclaves se tenaient à quelque distance; ils se querellaient et faisaient un bruit indécent. La cérémonie religieuse terminée, le pavillon fut enlevé, et le corps déposé doucement dans la terre. Et moi je pleurai amèrement sur les restes inanimés du meilleur, du plus intrépide et du plus digne des maîtres. La fosse fut complètement comblée. Je me rendis au village à une centaine de pieds de la tombe, où je distribuai quelques petits présents aux principaux habitants hommes et femmes, en les priant de ne point violer ce dépôt sacré. Je leur donnai deux mille cauris pour bâtir une petite case de quatre pieds de haut sur le sol où reposait mon pauvre maître, ce qu'ils me promirent. Je revins, accablé de douleur, retrouver ma triste habitation. Je m'y livrai aux plus pénibles réflexions. Je me voyais seul, entouré de dangers, à cent quinze journées de marche de la côte, au milieu d'étrangers égoïstes et perfides. Mon protecteur n'était plus sur la terre, et pour comble de maux une fièvre brûlante me dévorait. Dans mon isolement je souhaitai plus d'une fois la mort; j'aurais voulu être étendu à côté de mon maître. Jamais à aucune période de ma vie, à aucune époque de mon séjour en Afrique, je n'avais ressenti un tel accablement. Après une nuit sans sommeil, je me rendis seul au tombeau. Rien de ce que m'avaient promis les habitants n'avait été fait. Persuadé qu'il serait inutile de leur en parler davantage, j'envoyai le lendemain de Sackatou deux esclaves, qui terminèrent la petite hutte dans la journée du 15.

Parmi les mille preuves de bonté et d'affection que mon maître m'avait données, je ne citerai qu'un seul fait. Pendant notre route dans l'intérieur, je tombai malade à Djannah. La fièvre me dévorait et menaçait mes jours. L'excellent capitaine ne me quitta pas. Il me donna son lit, se coucha sur une natte à mes côtés, me veilla, me soigna, comme le père le plus tendre ; et, lorsque je recouvrai la santé, sa joie fut aussi vive que son dévouement avait été grand et prolongé. C'est en sympathisant à mes maux, c'est en prévenant mes besoins, qu'il s'était acquis les droits les plus étendus à ma reconnaissance et à mon attachement. Mes sentiments étaient tous à lui ; ils étaient purs de motifs d'intérêt. J'acquittais une dette de cœur en lui prodiguant mes soins aux jours de ses malheurs et de ses souffrances. Les récompenses pécuniaires étaient ici hors de question et de tout calcul.

Les sensations déchirantes que j'avais ressenties, mes peines de corps et d'esprit, mes occupations multipliées, et ces tristes embarras des funérailles, m'avaient tellement agité, que la fièvre, qui me minait toujours, augmenta tout à coup; mes forces s'épuisaient. Le 16, il me fut impossible de sortir de la hutte, et j'y restai jusqu'au 27. Le vieux Pascoe me tint fidèle compagnie, et se montra rempli d'attentions pour moi. Les Arabes de la ville me visitèrent chaque jour; ils firent tout ce qu'ils purent pour relever mon courage, en m'assurant qu'aucun mal ne me serait fait. Toutefois ces visites répétées ne me parurent pas entièrement dégagées d'une certaine cupidité; elles avaient pour but d'obtenir quelques présents que je ne donnai pas. Le sultan, de son côté, envoya s'informer de ma santé. La chaleur ne contribuait pas à l'améliorer, elle était excessive. J'étais obligé d'avoir près de moi un vase plein d'eau, dans lequel je plongeais mes bras et mes mains. Je m'aspergeais aussi de temps en temps la figure et le corps. Cela me rafraîchissait beaucoup, et c'était le seul moyen qui me réussît pour obtenir un peu de sommeil. J'avais déja fait le sacrifice de ma vie, j'avais perdu jusqu'à l'espérance, lorsque tout à coup j'éprouvai un mieux sensible; ce fut le 26 que cette métamorphose s'opéra; le lendemain je me trouvai assez bien pour être en état de m'asseoir sur ma natte. Le même jour je reçus la visite du gadado, de Malem Moudie et de Sidi Cheikh, qui venaient, de la part de Bello, demander la remise de mes caisses, qu'il supposait pleines d'or et d'argent. Leur étonnement ne fut pas médiocre lorsqu'il se trouva que je ne possédais pas une somme suffisante pour acquitter les frais de mon voyage jusqu'à la côte. Ils dressèrent cependant un inventaire de ce que je possédais, et le remirent à Bello. J'avais eu la précaution de cacher sur moi la montre d'or destinée à ce dernier, ainsi que les montres des capitaines Clapperton et Pearce. Quelques moments après le gadado et ses compagnons revinrent avec un ordre du sultan de leur livrer les articles suivants : une carabine, un fusil à deux coups, deux sacs de balles, un baril de poudre, un sac de pierres à fusil, une rame et demie de papier, et quelques chaînes dorées, pour lesquels objets le sultan promettait de me payer ce que je demanderais. Je réclamai 245,000 cauris, à toucher chez Hadji Hat Salah, à Kano. On m'expédia l'ordre nécessaire pour recevoir cette somme et toute autre dont je pourrais avoir besoin dans mon voyage par le grand désert. J'écrivis aussi à Hadji Hat Salah à ce sujet.

28. Je fis présent à Ben Gumso de quatre yards de damas bleu et de quatre autres de damas écarlate, d'un petit registre journal en blanc, de deux paires de ciseaux et de deux couteaux. Ce cadeau avait pour objet de me gagner la protection de ce vieil Arabe. Il exerçait alors beaucoup d'influence sur l'esprit et les déterminations du sultan, et c'était une bonne fortune pour moi. Il devait sa faveur à une circonstance extraordinaire. Bello avait pénétré dans le pays des Gouberi, et, dans un combat avec les hommes de cette contrée, il avait été blessé au cou par une flèche empoisonnée; événement qui donna la victoire à ses ennemis. A son retour à Sackatou, Ben Gumso écrivit un charme sur un morceau de bois, qui fut plongé et lavé dans un vase

d'eau, que le sultan avala ensuite jusqu'à la dernière goutte. Sa blessure s'étant refermée, et n'en ayant éprouvé aucune suite fâcheuse, il attribua sa guérison aux seules vertus du charme, et, naturellement, il en récompensa l'auteur, qui obtint un avancement rapide. Je priai Ben Gumso d'user de son influence pour m'obtenir du sultan la permission de quitter la capitale et de prendre la route la plus commode pour me rendre dans ma patrie. Il se prêta à mes désirs, et lui représenta qu'il était aussi contraire à la justice qu'à la politique de retenir plus long-temps un sujet du roi d'Angleterre; qu'il ferait bien de me permettre de partir promptement, et lui insinua que si je venais à mourir dans ses états, on ne manquerait pas de répandre et de croire qu'il nous avait fait assassiner, mon père et moi; ce qui lui ferait dans le monde une fâcheuse renommée. Ces puissants arguments produisirent une telle impression sur le sultan, que, presque immédiatement, je reçus l'ordre de me présenter devant lui. Après quelques préliminaires insignifiants, il me demanda quelle était la route que je préférais suivre pour effectuer mon retour. Quoique mon maître m'eût engagé à me joindre aux marchands arabes jusqu'au Fezzan, je craignis que les papiers confiés à mes soins ne me fussent enlevés, et que moi-même je ne périsse victime des ruses et de la trahison de cette race perfide et cupide, dont la conduite envers le capitaine, depuis son arrivée dans le Haoussa, m'avait singulièrement déplu. Plutôt que de voyager dans une semblable compagnie, je préférai m'abandonner sans armes et sans appui à la bonne foi des naturels. Sous une telle impression, je répondis donc au sultan que, désirant me rendre en Angleterre dans le plus court délai, la route par Cobbi et au travers du Boussa convenait mieux que toute autre à mes vues. « C'est impossible, dit le prince, tu ne peux prendre cette route. La saison pluvieuse a commencé. Les rivières sont déja débordées, les terres sont inondées; il est hors de tes forces de gagner les rivages de la mer. Il vaut beaucoup mieux que tu prennes la voie du désert. Pour faciliter ta marche, j'écrirai à Hat Salah de te procurer une personne de confiance pour t'accompagner. Il aura soin également de te fournir des chameaux et des vivres, et de t'avancer l'argent dont tu auras besoin. » Je me bornai à répondre : « Très-bien, sultan. » Il s'informa ensuite si Abdallah, dans son journal, avait déclaré qu'il pardonnait à Pascoe le vol qu'il avait commis. A quoi je répliquai qu'Abdallah n'avait pas eu la force d'écrire pendant le cours de sa maladie, et qu'il n'y avait rien de déterminé à ce sujet. « S'il n'a pas consigné le pardon dans son livre, reprit le sultan, nul doute que ton roi ne lui fasse trancher la tête à son arrivée en Angleterre. » Je m'empressai de l'assurer que Pascoe ne serait puni par personne s'il se conduisait bien dans la suite, ce que le prince ne pouvait croire. « Je ne souffrirai pas, dit-il, que le vieux Pascoe s'en aille avec toi; il restera ici pour nettoyer et réparer mes fusils. » Cette dernière considération était réellement la seule qui touchât Bello, et avait, certes, une tout autre influence sur sa décision, que la sûreté de Pascoe, dont il ne se souciait pas du tout. Je me bornai donc à le prier de permettre que ce dernier m'accompagnât au moins jusqu'à Kano, comme interprète, ce à quoi il ne consentit qu'avec répugnance, et à condition que je lui procurerais un cheval pour revenir, et que je lui paierais à Kano, comme gages, 15,000 cauris, ce que j'acceptai. Voyant alors que le sultan n'avait plus rien à me dire, je m'inclinai profondément et je me retirai. Depuis cette entrevue je ne le revis plus.

De Sackatou à Dunrora.

Le 3 mai. Dans la soirée, le sultan m'envoya un de ses gens pour me prévenir que j'eusse à faire mes préparatifs de départ pour le lendemain, et qu'il me serait fourni un chameau et des vivres, que j'attendis vainement. Au point du jour je quittai Sackatou, où j'avais tant souffert; fatigué, au dernier point, de la ville et de ses habitants. J'avais avec moi un homme appartenant au bon vieux gadado, Pascoe et Moudey, avec trois chameaux et trois chevaux. J'atteignis dans l'après-midi une plaine à cinq milles à l'est de Magaria; nous y passâmes la nuit sous le feuillage d'un gros arbre, près d'un petit lac. Les moustiques étaient nombreuses et insupportables; elles nous empêchèrent de dormir jusqu'au matin, qu'une brise rafraîchissante vint dissiper cet essaim d'ennemis. Dans cette plaine, nous nous réunîmes à une caravane de 4,000 personnes, composée de Touarik, marchands de sel, qui retournaient à Killgris, de pélerins qui se rendaient à la Mecque, de marchands qui revenaient à Kano et à Nyffé. Tous voyageaient de compagnie pour se prêter un mutuel secours, et avaient avec eux un grand nombre de chameaux, de chevaux et de buffles. Les marchands se réunissent toujours à Cachenah, d'où ils se dispersent ensuite dans différentes directions. Avec nous voyageait le chef de Djacoba, accompagné de cinquante esclaves qu'il avait conduits à Sackatou, dans le dessein de les offrir en présent à Bello; mais ce dernier, ayant appris les pertes que ce petit roi de Djacoba avait faites, soit en hommes, soit en villages incendiés dans ses guerres avec le cheikh du Bornou, refusa ses esclaves, et voulut que son allié les reconduisît dans ses états.

Le signal du départ fut donné à onze heures du matin, à la manière accoutumée. Les cornets et les tambours firent un bruit épouvantable; à une heure tout le monde était en mouvement. Nous marchâmes en toute hâte jusqu'à trois heures de l'après-midi du 5.

Boussa-djack, le cheval que je montais, et qui avait été donné à mon maître par le roi de Boussa, s'arrêta alors accablé de fatigue. La chaleur était intolérable; la poussière, qui roulait de tous côtés en nuages épais, pénétrait dans les yeux et les narines et entrait dans la peau. Je me sentis sur le point d'être suffoqué. J'étais tout débile et complètement épuisé. Je commandai à Pascoe, dont le cheval était frais et vigoureux, de courir après les chameaux et de m'apporter un peu d'eau. Je mis pied à terre, et allai m'asseoir au bord de la route, sous un arbre dont le maigre feuillage me garantissait à peine des rayons déchirants d'un soleil africain. Je me mis à implorer la pitié des Touarik et des Fellatah qui passaient successivement, et les priai de me vendre une goutte d'eau. Mais ces hommes, au cœur de rocher, continuaient leur route et se disaient froidement les uns aux autres: « C'est un kaffir; qu'il meure. » A la fin, un jeune Fellatah du Foutatoura, ayant par hasard jeté les yeux sur moi, s'approcha en s'écriant: *Nasarah, nasarah, trissi manora*, « chrétien, chrétien, avance. » Je répondis : « Je suis trop faible, et je meurs de soif. Personne n'a voulu me vendre d'eau, je n'ai pas la force d'aller plus loin. » En m'entendant parler ainsi, le bon jeune homme me donna une calebasse toute pleine. J'en bus une partie, et du reste j'en baignai les narines de Boussa-djack, et j'en arrosai sa bouche. Les gens qui voyaient ceci blâmèrent l'action généreuse du Fellatah, et lui reprochaient, en termes fort durs, de donner de l'eau à un chrétien; mais lui, leur montrant un fusil à deux coups, leur fit observer qu'il l'avait obtenu de mes compatriotes, qui étaient tous des hommes bons et incapables de nuire à personne. Ce témoignage les apaisa. En examinant le fusil en question, je trouvai qu'il était de fabrique anglaise, et portait sur la platine le nom d'Arnold, arquebusier de Londres. Cette petite quantité d'eau me rafraîchit infiniment ainsi que mon cheval. Mais bientôt la faiblesse me reprit et le découragement revint avec elle, je me trouvai dans le même état qu'auparavant. Mes jambes étaient prodigieusement enflées, et je sentais des douleurs aiguës dans toutes les parties de mon corps. A la fin j'aperçus Pascoe, que j'avais envoyé chercher de l'eau, il y avait déja plus de quatre heures. Il était assis sous un arbre avec Moudey, et ils causaient ensemble fort joyeusement, les chameaux paissant à quelque distance. Il me prit l'envie de décharger mon fusil sur ce vieux coquin, qui savait fort bien tout ce que j'avais souffert et tout ce que je souffrais. La crainte de compromettre à la fois les papiers remis à ma garde et ma propre vie me retint, et je me contentai de lui demander pourquoi il ne m'avait pas apporté d'eau. Ce misérable se borna à me répondre très-froidement : « Parce que j'étais fatigué. »

Le jeune Fellatah, qui m'avait si généreusement sauvé la vie, m'informa le 7 que tous les esclaves du roi de Djacoba ayant disparu, on avait envoyé à leur recherche quelques hommes à cheval, qui rapportèrent avoir trouvé les corps de trente-cinq d'entre eux étendus sur la route; on ignorait ce que les quinze autres étaient devenus, et l'on craignait pour eux un sort pareil. Ces infortunés, obligés de porter sur leurs têtes de pesants ballots, s'étaient vus dans l'impossibilité de suivre la marche rapide des chameaux : restés en arrière, ils étaient morts de soif. Je me félicitai d'avoir échappé à une mort aussi cruelle, et remerciai le Tout-Puissant du secours qu'il m'avait envoyé. En quittant le Fellatah, je lui donnai une paire de ciseaux et vingt pierres à fusil, ce qui lui fit grand plaisir. Pendant la route jusqu'à Kano, le roi de Djacoba me montra beaucoup d'affabilité et fut mon fidèle compagnon : il me pressa plus d'une fois de visiter son pays, me promettant de faire tout ce qu'il pourrait pour m'en rendre le séjour agréable. Il m'apprit que ses voisins les Yamyam, qui l'avaient aidé dans sa guerre contre le Bornou, furent cernés avec quelques-uns de ses soldats dans une plaine près de Djacoba, par les troupes du cheikh ; ces derniers en firent un grand carnage. Le combat avait duré tout le jour, et ne s'était terminé que par la déroute complète des siens et de ses alliés ; lui-même avait eu bien de la peine à échapper. Le lendemain, ce qui restait de Yamyam se rendit sur le champ de bataille, d'où ces hommes féroces enlevèrent les cadavres de leurs ennemis, puis allumèrent un grand feu, les rôtirent et les mangèrent.

Le 19. Aussitôt après notre arrivée à Markie, l'épouse du chef, jeune femme de vingt-deux ans, belle, bien faite et spirituelle, vint me trouver les larmes aux yeux, et me pria de lui donner quelque *magarie* qui pût faire cesser sa stérilité. Je lui remis sur-le-champ deux petites cuillerées d'huile essentielle de cannelle, en lui recommandant d'en verser deux gouttes dans une pinte de lait et de s'administrer cette potion trois fois par jour, jusqu'à ce que le tout fût consommé; j'ajoutai que lors de mon retour à Markie, j'espérais avoir le plaisir de la retrouver mère de plusieurs enfants. Son mari ayant eu connaissance de ce que je venais de faire pour elle, m'en remercia cordialement; il m'offrit une abondante provision de lait doux, de volaille et de riz, en m'assurant que lorsque je reviendrais d'Angleterre lui rendre visite, il me donnerait beaucoup d'argent; ce qu'il fera sans doute. En m'adressant un dernier adieu le jour suivant, il ajouta : « Chrétien, que Dieu te conduise sain et sauf dans ton pays; puisses-tu revenir bientôt à Markie. »

A mon arrivée à Kano, le 25 mai, je remis à Hadji Hat Salah l'ordre et la lettre du sultan Bello. Après l'avoir lue, il me déclara positivement qu'il ne ferait rien de ce qu'elle contenait, et refusa de me délivrer un seul cauris.

Comme il n'avait aucune objection à faire au sujet des marchandises et de l'esclave, je reçus de lui, en cette qualité, une femme robuste, plus une quantité considérable de soie crue, de grains de verroterie et de bonnets rouges. Je vendis 15,000 cauris chacun de mes chameaux épuisés et malades; mais ne pouvant réunir une somme suffisante pour en acheter de meilleurs, et me procurer en même temps les provisions nécessaires pour mon voyage jusqu'au Fezzan, ainsi que les présents indispensables pour les chefs que j'aurais à visiter, force me fut de prendre une autre route, et de me borner à l'achat d'un cheval et de deux ânes. Bello n'avait pas oublié dans sa lettre de recommander à Hadji Hat Salah de renvoyer Pascoe à Sackatou, dès son arrivée à Kano. Je le suppliai de permettre que cet homme m'accompagnât jusqu'à Koulfa dans le Nyffé, ce qu'il refusa d'abord; mais lorsque j'eus fait présent au vieil Arabe de deux yards de damas rouge, autant de bleu, de deux paires de ciseaux, d'un grand couteau et de deux piastres, il revint sur sa détermination, et, faisant venir l'esclave, il lui donna l'ordre de m'accompagner jusqu'à Koulfa, et de retourner ensuite, en le menaçant de mettre *Djerrob* (le diable) à ses trousses s'il y manquait. Pascoe vint me trouver aussitôt après; tout son corps tremblait comme une feuille : il me répéta autant qu'il put la conversation qu'il venait d'avoir avec Hadji Hat Salah, et me prévint de la répugnance qu'il éprouvait à quitter Kano avec moi. Je l'engageai de mon mieux à surmonter ses craintes superstitieuses; mais je n'en pus venir à bout, le nom de *Djerrob* suffisait pour lui donner la fièvre. Je lui avais promis pour femme l'esclave que Hadji Hat Salah m'avait vendue; mais je le prévins qu'il ne l'aurait pas à moins qu'il ne m'accompagnât. Dès qu'il vit qu'il allait en être séparé, tous ses scrupules s'évanouirent, et il consentit à se rendre jusqu'à Koulfa, mais pas plus loin; il avait laissé une autre femme à Sackatou, où il désirait revenir. Cette femme, que j'avais vue plusieurs fois comme esclave de Ben Gumso, était remarquablement laide : elle avait eu, avant son mariage, un fils d'un ménétrier aveugle appartenant à la troupe du sultan. Je ne pus m'empêcher de lui demander qui avait pu le porter à épouser un être aussi effroyable? « C'est, me répondit-il tendrement, que cette fille avait beaucoup d'amour pour moi, et qu'elle faisait le meilleur *touah* que j'eusse encore mangé. » Cette recommandation était toute puissante sur un homme de la trempe de Pascoe ou Abbou Boukir. Peu de jours après qu'il eut goûté le touah, il fit sa femme de cette vilaine cuisinière.

Le 29. Hadji Hat Salah m'invita à aller offrir mes hommages au roi de Kano, qui habitait Faniso, sa maison de campagne ; m'y étant rendu, sa majesté me dit en me quittant : « Chrétien, quand tu seras de retour dans ton pays, dis du bien des Fellatah ; fais-leur une bonne renommée. » Ce prince ne fut pas assez bon toutefois pour me fournir un homme ; je fus obligé d'en louer deux pour m'accompagner jusqu'à Funda, et de leur payer 8,000 cauris à chacun pour leur voyage. Le même jour, à une heure, nous quittâmes Kano, et, pressant la marche, nous fîmes halte sur les bords du Kogie, à quatre heures de route de la ville. Ce courant d'eau étant grossi par les pluies, nous n'osâmes le traverser. Je m'aperçus, à mon grand regret, que les perches destinées à soutenir les tentes avaient été oubliées ; je les envoyai chercher par un des hommes que j'avais loués; et, comme preuve de sa mission, je lui remis un sabre : mais le coquin ne reparut pas. Obligé de passer la nuit ici, j'attachai un bout de la tente aux branches d'un arbre, et j'en fixai l'autre bout sur le sol même. A sept heures du soir nous essuyâmes un violent orage : il pleuvait à torrents; le tonnerre faisait un bruit si épouvantable que je ne me souviens pas d'en avoir entendu un pareil; le ciel était en feu. Cela dura jusqu'à neuf heures du matin. Pendant la nuit, notre tente toute trempée s'alourdit tellement, qu'elle rompit le rameau auquel elle était attachée, et tomba sur nous; nous étions alors assis sur nos nattes sans pouvoir dormir, et force nous fut de demeurer dans cette pénible position jusqu'au point du jour, car pas un n'osait s'aventurer à sortir par ce temps affreux.

Aussitôt que dans la matinée du 30 toutes choses eurent été remises en état, j'envoyai Pascoe à la recherche de ce maraud qui m'avait si complètement trompé la veille; on ne l'avait pas aperçu dans les environs de la ville, et l'après-midi Pascoe revint sans lui, mais avec les perches. La rivière était devenue guéable; mais à raison de la force et de la rapidité du courant, nous la passâmes avec beaucoup de difficulté. Nous avions à peine atteint la rive opposée, que quatre esclaves armés, arrivant de Sackatou, se dirigèrent vers nous, et réclamèrent de Pascoe 4,000 cauris que Ben Gumso lui avait prêtés pour acquitter les frais de sa noce avec la célèbre faiseuse de touah ; ils avaient ordre, si le mari ne pouvait payer, de la ramener à Sackatou. Ce dernier les assura qu'il avait laissé dans cette ville pour une valeur de plus de 50,000 cauris en habits anglais et en argent, sur laquelle somme Ben Gumso pouvait se rembourser de ses avances. Cette réponse ne satisfit point les envoyés, qui se préparaient à le saisir et à l'entraîner avec eux, lorsque je me présentai pour acquitter la somme demandée. Cette petite affaire terminée à la satisfaction de Pascoe, nous restâmes en cet endroit jusqu'au lendemain. La nuit fut aussi mauvaise que la précédente. J'envoyai Mohamed, mon autre serviteur à gages, acheter des vivres dans un village voisin ; il revint avec un peu de blé seulement.

Le temps s'éclaircissant vers huit heures du matin, le 31 nous continuâmes notre route et parvînmes, à deux heures après midi, à Madebie, petite ville murée. Le chef m'invita à loger chez lui; mais je préférai rester sous ma tente, que j'avais fixée dans le mur même près de la porte. Dans la soirée, la fille du chef m'apporta du lait, une jatte pleine de bœuf bouilli et du touah, en suffisante quantité pour mon souper et celui de tous mes gens : je lui fis en retour un petit présent. Le temps comme les jours précédents.

1er juin. Après avoir séché nos tentes, nous partîmes à neuf heures du matin. Parvenus sur les bords de la Gora, rivière étroite, mais profonde et rapide, j'éprouvai quelque crainte de ne pouvoir la passer sans accident, à cause de la violence du courant; nous finîmes toutefois par nous trouver sur l'autre rive avec nos bagages, sans avoir éprouvé d'avaries. A une heure nous traversâmes Baebaegie, ville murée; craignant d'y être retenu par les habitants, s'ils venaient à me reconnaître, je pris le parti de faire prendre le devant à mes gens, et de suivre à quelque distance. Une demi-heure après nous arrivâmes à un embranchement; là, deux routes se présentaient, l'une conduisant au Nyffé, l'autre au Funda. Mon maître m'avait prévenu, quelque temps avant sa mort, que si je retournais par le Nyffé et l'Yourriba, les habitants, sachant que nous avions apporté des présents pour le sultan Bello, avec lequel ils étaient en guerre, ne manqueraient pas de m'assassiner. Cet avertissement, joint à mon vif désir de me trouver à Funda, sur les bords du Niger, et de suivre ce fleuve dans un canot jusqu'au golfe de Benin, me fit choisir la route de cette ville. En conséquence, nous nous mîmes en marche à six heures du matin, et allâmes camper à un demi-mille de Kanfou, ville murée, où j'envoyai Pascoe acheter des vivres; il revint promptement avec quelques habitants; mais le chef ne me visita pas, croyant que j'étais un Arabe en route pour Funda. Pour la première fois, depuis mon départ de Kano, je dormis un peu. Kanfou est situé au pied d'un immense rocher, dont le sommet ne laisse apercevoir aucune trace de végétation; elle a environ deux milles de circonférence, et paraît assez bien peuplée. A l'est, on aperçoit une chaîne de hautes montagnes qui s'étendent, du nord au sud, aussi loin que l'œil peut atteindre: leurs flancs sont verdoyants et d'un aspect agréable, la végétation y paraît forte et brillante. Nous avions marché dans une direction sud-est jusqu'à dix heures du matin, nous inclinâmes ensuite plus à l'ouest.

2. Parti de Kanfou à six heures. Temps pluvieux. Halte à midi dans la petite ville murée de Coukie.

3. La pluie commence avec le jour, et continue sans relâche jusqu'à dix heures du matin; nous partons à onze. A cinq heures après-midi, arrivée dans le voisinage de Carifo, petite ville murée dont la forme et l'étendue sont semblables aux villes où nous étions entrés les deux jours précédents. Dans cette dernière journée nous traversons une large rivière et deux plus petites, toutes trois se dirigeant à l'ouest. Personne ne peut m'en dire les noms. Les montagnes vues hier sont toujours à notre gauche et s'étendent jusqu'à l'horizon. A neuf heures du matin, violents coups de tonnerre, éclairs, torrents de pluie qui menacent de submerger notre tente. La contrée parcourue hier et aujourd'hui, quoique unie, est belle et pittoresque, animée et vivante, le terrain gras, profond et de couleur rouge.

4. Nous continuâmes notre route à huit heures du matin ; à onze nous étions au

pied d'une haute montagne à pic, appelée Almena, composée de blocs de granit d'une hauteur gigantesque, entassés les uns sur les autres d'une manière effrayante, et qui semblaient prêts à s'écrouler sur le sol. Cette masse ressemblait assez aux rochers voisins de Logan-Stone dans le Cornouailles, mais elle était infiniment plus étendue. Mohamed mon domestique qui avait beaucoup voyagé, tant dans ces contrées qu'au loin, et qui semblait bien instruit des traditions locales, me dit qu'il y avait environ cinq cents ans, qu'une reine des Fanties, s'étant prise de querelle avec son mari, au sujet d'un tabouret ou trône doré, s'enfuit de ses états avec un grand nombre de ses sujets, et vint bâtir une grande ville au pied de ces montagnes; elle lui donna le nom d'Almena, nom qui devint commun aux montagnes mêmes. Cette ville était environnée d'une muraille de pierre, ce qu'attestent les ruines que l'on voit encore. Pendant cette journée nous franchîmes trois petits courants qui suivaient la direction du nord-ouest. A trois heures après-midi, nous traversâmes une petite ville murée, appelée Gowgie, et à quatre heures nous fîmes halte à Gatas, qui ressemble entièrement à cette dernière. Ici, je fis rencontre de quelques marchands de Kano, venus de Cottop. Les habitants de Gatas ayant appris, je ne sais comment, que j'étais chrétien, vinrent en foule pour me voir, et se comportèrent avec calme et observant le plus grand ordre. J'invitai quelques-unes des femmes les plus distinguées à entrer sous ma tente, qu'elles admirèrent beaucoup; peu d'instants après elles m'offrirent du lait et du *fourah*. Les habitants de cette contrée, aussi bien que ceux des autres villes que j'avais visitées, appartiennent à la race du Haoussa et sont tributaires des Fellatah.

5. A cinq heures du matin nous nous mîmes en route, et fîmes halte à deux heures, au sud de la ville murée de Damoy. Les gens de cet endroit me dirent que la chaîne de montagnes dont j'ai parlé, s'étendait jusqu'à l'eau salée, et qu'elle était habitée par les féroces Yamyam. Ils m'assurèrent qu'ils étaient cannibales, ce qui m'avait déja été affirmé par tous ceux que j'avais eu occasion d'interroger sur ces peuples dans le cours de mon voyage. Autrefois ces Yamyam faisaient un commerce très-considérable avec les peuples du Haoussa ; ils échangeaient des dents d'éléphants contre

des toiles rouges, des verroteries, etc.; mais, il y a cinq ans, ils assassinèrent une troupe de marchands qu'ils mangèrent ensuite. Depuis cette époque, les hommes du Haoussa ont mis beaucoup de réserve dans leurs relations commerciales avec les Yamyam, et ces relations ont à peu près cessé.

6. Départ à huit heures du matin. Nous traversons un pays montagneux et stérile, couvert de petites pierres brisées. A trois heures après-midi, nous nous trouvons sur la rive méridionale d'une large rivière, que les naturels nomment Accra, et qui coule dans la direction nord-ouest. J'espérais pouvoir aller coucher dans quelque ville; mais ma fièvre augmentant, et ne trouvant aucune habitation dans le voisinage, force me fut de camper sur les bords de la rivière, où je demeurai jusqu'au lendemain sans provisions d'aucune spèce.

7. Nous partons à six heures du matin, et marchant dans le sud-ouest, nous arrivons à midi dans la ville de Mammalik, défendue au nord-est par une montagne et quelques restes d'une muraille de terre. La montagne est à pic et couverte d'un bois épais, habité par des milliers d'hyènes, de chats-tigres, de chacals,

de singes, etc. L'épouvantable bruit qu'ils firent pendant la nuit, m'empêcha de fermer l'œil. Ces animaux sont si voraces, que les malheureux habitants de cette contrée ne peuvent conserver ni bœufs, ni moutons, ni chèvres; ce qui fait qu'on ne trouve pas de viande à acheter dans la ville. Le chef nous fit donner une hutte pour logement, et pour souper du touah, assaisonné d'une sauce faite avec le fruit du baobab ou pain de singes, ce qui compose un mets détestable. J'étais dans l'intention de m'arrêter ici et d'y prendre médecine, mais les naturels venant en troupe pour me voir, ne me laissaient pas un moment de libre pour ouvrir ma boîte, ce que je n'osai jamais faire en leur présence. Ce jour-là, deux Fellatah, messagers du sultan de Zegzeg, m'aperçurent malheureusement et s'informèrent où j'allais. A peine eurent-ils entendu ma réponse qu'ils montèrent à cheval et partirent. J'ai su depuis, qu'ils étaient retournés à Zegzeg et avaient informé le roi que j'étais en route pour Fundah, avec deux ânes chargés de richesses et un beau cheval, que je destinais, en présent, au roi de cette ville.

8. A huit heures du matin, nous quittâmes

Mammalik en nous dirigeant au sud-ouest. Parvenus au pied d'une chaîne de montagnes, nous aperçûmes une ouverture dans laquelle nous entrâmes; il était alors environ midi. Notre route se fit ensuite plus à l'est. Après avoir passé une grande rivière et trois plus petites, dont on ne put me dire les noms, nous gagnâmes Follindochie, ville frontière de Catica. Dans cette journée nous fîmes rencontre d'une troupe d'esclaves qui se dirigeaient sur Zegzeg. Ces pauvres gens, au nombre de trente, hommes, femmes et enfants, étaient envoyés en tribut au sultan Bello, par un état voisin. Ils semblaient tous attaqués de la petite vérole. Les hommes étaient attachés les uns aux autres par le cou, avec des lanières de cuir de buffle; mais les femmes et les enfants marchaient en liberté. Les habitants de Follindochie étaient les premiers que j'eusse vus en Afrique, qui dédaignassent de faire usage d'aucune espèce d'habillements; leur état de nudité était complet. Ils riaient aux éclats en me voyant; et j'avoue que, de mon côté, je riais de bon cœur à leurs dépens. Ils furent bientôt avec moi sur le pied de la plus parfaite familiarité. C'étaient des gens simples et bons, et de fort joyeuse humeur, mais fort sales et fort dégoûtants. Moutons, chèvres, boucs, volailles, mangeaient et couchaient avec eux dans la même hutte; aussi s'en exhalait-il une odeur insupportable. Ils semblent privés de tout sentiment d'affection et de tendresse pour leurs enfants. Un père vend son fils pour la plus misérable bagatelle, sans plus de remords et de répugnance que s'il vendait un poulet. Ils portent tous aux lèvres inférieure et supérieure, un morceau de verre bleu façonné en demi-cercle; et un morceau de bois rouge, de la grosseur du pouce d'un homme, pend à leurs oreilles. Ils se barbouillent la tête et le corps avec une préparation d'argile rouge délayée dans de l'huile de noix de Guinée, ce qui est loin de leur donner un aspect plus agréable et de les embellir. Leurs traits ne ressemblent nullement à ceux des nègres. Ils sont fins et beaux, et ont beaucoup de rapports avec ceux des Européens. Ils font des fétiches, comme les naturels de l'Yourriba.

9. Nous quittâmes ce bon peuple à sept heures du matin, et, marchant sans nous arrêter, nous entrâmes à 3 heures après-midi dans Zumi, petite ville bien peuplée. A notre arrivée nous aperçûmes deux hommes assis sous un dattier.

L'un d'eux était revêtu d'un *tobé*. Je le saluai, le prenant pour le chef; il me surprit, en me disant qu'il n'était qu'un marchand de Kano, et que le chef se trouvait à ses côtés. Ce dernier était un chétif vieillard tout sale, couvert d'une peau de mouton crasseuse. Il m'indiqua une hutte pour logement, et s'étant ensuite absenté pendant deux heures, il revint s'excuser de ce qu'il ne pouvait pas m'envoyer de vivres à l'instant même, parce que ses femmes travaillaient dans ses jardins; mais il me promit qu'à leur retour il me ferait remettre quelques provisions. Trois heures après elles m'apportèrent une couple de volailles, du riz et du touah, que je payai avec une paire de ciseaux et cinquante aiguilles. Un large et profond fossé qui paraît avoir été jadis rempli d'eau, entoure la ville, dont les environs sont bien cultivés. Les Catica ou Bowchie ne possèdent pas un seul bœuf.

10. Départ à six heures du matin; route dans la direction du sud-ouest, au travers d'un pays riche et agréable. Arrivée à midi à Courokou, petite ville entourée de murs.

11. Départ à sept heures et demie du matin; halte à midi sur la rive nord-est de la Coudounia, grande rivière qui coule au nord-ouest

et se rend dans le Niger, près de Funda. La trouvant trop profonde pour la traverser, nous fûmes obligés de rester là, sans manger, jusqu'au jour suivant.

12. Nous passâmes la Coudounia à 9 heures du matin, ayant de l'eau jusqu'à l'échine, et immédiatement nous nous acheminâmes vers Cottop, où nous arrivâmes après trois heures de route. J'avais si souvent entendu parler de cette ville pendant mes voyages; on m'avait fait de si pompeuses descriptions de sa richesse, de sa population, de son célèbre marché, que je fus tout surpris de voir que cette fameuse cité se composait d'environ cinq cents petits villages touchant presque les uns aux autres. Leur ensemble occupait une vaste et belle plaine ornée des plus beaux arbres. Ici, pour la première fois, depuis mon départ de la côte, je vis en grand nombre le bananier, le palmier et le cocotier, en pleine floraison. Cette contrée ressemblait tout-à-fait à quelques parties de l'Yourriba. On fait à Cottop un grand commerce de bœufs et d'esclaves. Les premiers sont nourris par les Fellatah, qui résident ici dans cet unique but. Les esclaves, les bœufs, les moutons, les chèvres, sont ex-

posés au marché, qui tient tous les jours; on y vend également des étoffes rouges pour habillement, de la gomme, du sel, des noix de gouro, des grains pour chapelet, du tabac, des habits à la façon du pays, des anneaux ou bagues, des aiguilles, des articles de coutellerie, du miel, du riz, du lait, etc. Des hommes venus des parties les plus éloignées du pays, se rendent ici en foule pour s'approvisionner de ces objets. Le sultan étant un personnage de haute importance, je crus nécessaire de lui faire un présent digne du représentant (très-humble et très-indigne) du roi d'Angleterre. Je lui donnai, en conséquence, quatre yards de damas bleu, autant de damas rouge écarlate, deux portraits gravés, l'un de mon très-gracieux souverain, l'autre de S. A. R. le duc d'York, et diverses autres choses de moindre valeur. En retour, je reçus un mouton, du bœuf et du riz bouilli, en suffisante quantité pour le repas de cinquante hommes. Dix des femmes du roi vinrent me voir le lendemain ou le surlendemain de mon arrivée: Elles se prirent de goût pour les boutons dorés de ma veste. Je m'empressai de les couper et de les offrir à leurs noires majestés. Comme elles les croyaient d'or, elles les placèrent sur-le-champ à leurs oreilles. On pense bien que je n'eus garde de les désabuser.

Pendant mon séjour à Cottop je ne manquai jamais de bœuf; on me choisissait toujours la bosse ou partie graisseuse de l'animal, qui est certainement le meilleur morceau. Il y avait quelquefois de ces bosses ou loupes qui pesaient douze à quinze livres. Elles sont toutes réservées pour le roi, qui les reçoit à titre de taxe imposée aux bouchers. Les femmes du sultan m'en envoyaient une ou deux chaque jour. Me trouvant tout-à-fait sans argent, j'envoyai au marché prévenir le public que j'avais des aiguilles et des grains de verroterie à vendre. D'après cette annonce, différents acheteurs se présentèrent dans ma hutte, et me donnèrent sans difficulté quinze ou vingt cauris pour une aiguille, tandis que les Arabes n'en pouvaient pas obtenir plus de dix pour les leurs. Je ne sais toutefois s'ils préféraient la qualité de mes aiguilles, ou s'ils désiraient acheter quelque chose d'un homme blanc. Très-différent des princes de Haoussa, de Borgou, de Nyffé, de Kotonkora et de quelques autres endroits de l'intérieur, le sultan de Cottop laisse à ses femmes la plus grande liberté.

L'après-midi je reçus la visite d'une vieille femme. Elle était fort triste ; elle m'apprit qu'on lui volait souvent le peu d'argent qu'elle gagnait et qu'elle enfouissait dans sa hutte ; elle accusait ses voisins et ses connaissances de ces larcins. Elle me pria de lui composer un charme pour la mettre par la suite à l'abri de ce brigandage. Étant très-porté à rendre service à ces Africains, simples de cœur et sans artifices, je lui donnai dans une petite fiole une petite cuillerée d'huile d'olive, en lui prescrivant, aussitôt son retour chez elle, de verser cette liqueur dans le trou où elle se proposait de cacher son argent, l'assurant que si quelqu'un s'avisait d'y toucher sans sa permission il ne vivrait pas long-temps. Je ne manquai pas de l'engager à publier partout la vertu et les effets de mon charme, en ajoutant que j'étais bien persuadé qu'elle ne serait plus volée à l'avenir. La pauvre vieille ne savait comment me témoigner sa reconnaissance ; elle se jeta à genoux et me remercia avec les expressions de la plus vive gratitude ; elle m'offrit quarante cauris, tout ce qu'elle possédait dans ce monde. On pense bien que je ne balançai pas à refuser ce cadeau, qui eût privé cette bonne femme de tout moyen d'existence, je la renvoyai ravie de ma bonté et de la manière généreuse dont j'en usais avec elle.

16. Dans la soirée de ce jour j'allai prendre congé du roi et de ses femmes. A six heures du matin je sortis de Cottop, et me dirigeai au sud-ouest jusqu'à une heure que je marchai droit au sud. Deux heures et demie après j'atteignis la petite ville de Coudjie. Toute la journée les ânes avaient été rétifs et intraitables, piqués et mordus par des myriades de mouches. Ils jetaient leur charge à terre et nous retardaient par leurs gambades. Le chemin était mauvais au dernier degré. Dans quelques endroits, notamment sur le bord des précipices, ou dans les terrains bas, marécageux et inondés, nous étions obligés de porter nos ballots nous-mêmes. Je reçus la visite de deux Fellatah, qui ne me firent aucune observation.

17. Nous partons à cinq heures et demie, et à deux heures après-midi nous entrons à Dungora. Il plut à verse pendant toute la journée, et nous étions trempés jusqu'aux os en

arrivant dans la ville. L'eau coulait à torrents dans les vallées; et sur les collines même les bestiaux enfonçaient dans la boue jusqu'aux genoux. Nous traversâmes dans cette journée une large rivière nommée Rary, qui portait ses eaux au sud-est, tandis que notre marche était par le sud-sud-ouest. La contrée parcourue était montueuse et très-couverte, la terre riche et fertile. Nous ne pûmes rien obtenir, et force nous fut de passer toute la nuit dans nos habits trempés, sans feu et sans manger.

18. Notre départ eut lieu à six heures du matin, et après douze heures de route nous nous trouvâmes à Dunrora. Nous avions eu quelquefois à cheminer pendant cette journée sur le bord de précipices escarpés et d'une immense profondeur. Près de l'un d'eux le sentier n'avait juste que ce qu'il fallait pour le passage d'une de nos bêtes de somme. Le cheval sur lequel j'avais chargé le porte-manteau qui renfermait le journal, les papiers et les montres, étant venu à donner contre un fragment de rocher qui saillait sur la route, fut précipité à une distance de près de deux cent quarante pieds. Les cordes qui attachaient la valise lui

rendirent le bon office de l'arrêter dans sa chute. Je fus saisi d'horreur en voyant ce pauvre animal s'agitant sur cet abîme, et ne fus pas moins effrayé en pensant que s'il était mis en pièces, le porte-manteau serait brisé, détruit et perdu à jamais. Bientôt j'eus le bonheur de voir le petit cheval entrelacé dans quelques arbres rabougris, qui croissaient sur la pente du terrible précipice en cet endroit de 2,100 pieds de profondeur. Cet accident me fit perdre deux heures, mais le cheval heureusement ne fut pas blessé. Nous avions marché pendant une heure et demie depuis ce dangereux passage, lorsque nous atteignîmes une élévation d'où l'on apercevait une immense étendue, et la contrée la plus pittoresque et la plus agréable. De toutes parts on avait devant les yeux un espace de huit jours de marche. Je m'arrêtai un moment pour contempler à loisir ce magnifique horizon et ces délicieux paysages. A une dernière journée de ce point dans l'est, s'élève une haute montagne au pied de laquelle se trouve une ville considérable nommée Djacoba. Mohamed m'assura qu'à un demi-mille de cette grande cité, coule la rivière Char ou Chary qui sort du lac Tchad. Des barques ou canots peuvent naviguer du lac au Niger, dans toutes les saisons de l'année. Le Chary a son embouchure dans le Niger à Funda; et le Niger, après avoir baigné les murs de Cottum, de Corridji, de Gattou et de Djibbo, se jette dans l'eau salée. Mais quel est le point spécial où il verse ses eaux à la mer, c'est ce que Mohamed ne put m'apprendre, n'ayant jamais entendu prononcer le nom de Benin par d'autres que par moi. Funda est situé droit à l'ouest de Dunrora. Comme le chef de cette ville ne me paraissait pas un fort grand personnage, je me contentai de lui envoyer une paire de ciseaux et cinquante aiguilles. Il me les renvoya presque aussitôt, en me faisant dire de garder cela pour un chef moins illustre. Quelques gens de la ville que j'interrogeai, m'apprirent que j'avais outragé sa dignité en lui offrant un si pitoyable présent; comme je ne me sentais nullement disposé à y ajouter quelque chose, je renvoyai le messager qui m'avait rapporté mon cadeau les mains vides. Dunrora renferme 4,000 habitants.

Retour de Dunrora à Zegzeg.

Le 19 au matin, à l'instant où je faisais charger les bêtes de somme et préparer le départ, j'aperçus quatre cavaliers armés courant au grand galop vers la demeure du chef, leurs chevaux couverts de sueur et d'écume. Le chef n'eut pas plus tôt pris connaissance de leur message, qu'il vint à moi, suivi d'une immense multitude de peuple, et me fit entendre qu'il fallait retourner immédiatement avec les envoyés qui venaient d'arriver, vers le roi de Zegzeg, qui avait le plus grand désir de me voir. Je lui remontrai toute l'injustice de cet ordre, lui faisant observer combien il serait désagréable pour moi de retourner à Zegzeg, après avoir fait une si longue route sans avoir été nullement inquiété; sa seule réponse fut qu'il risquait sa tête s'il me laissait pénétrer plus avant. Voyant enfin que raisons et prières tout était inutile, je consentis de fort mauvaise grace à retourner avec les envoyés. Ainsi, après sept jours d'un dangereux voyage depuis Kano, ayant l'espoir d'arriver en douze ou treize jours à Funda, d'où je pouvais gagner la mer en quatre jours de navigation; voyant s'ouvrir devant moi une nouvelle contrée, dont l'exploration me promettait la solution du problème qui a depuis si long-temps occupé nos géographes d'Europe, en me mettant à même de m'assurer si le Niger se jette à la mer dans cette direction, je me trouvais obligé de renoncer à de si chères espérances, si long-temps entretenues, pour retourner à Zegzeg, et aller de là Dieu savait où. Ce revers soudain m'abattit et me découragea tellement, que peu m'importait alors de vivre ou de mourir. Nous quittâmes la ville dans le cours de la journée, et entrâmes à Cottop, le 21, par la même route que j'avais déja prise.

Je fus attaqué d'une dyssenterie à mon arrivée, et restai quatre jours à Cottop, tout-à-fait contre la volonté de mes gardes; souffrant durant ce temps, et même plusieurs jours après, mille fois plus que je ne saurais le dire.

25. Je quittai Cottop par une autre route, à huit heures du matin, n'étant plus accompagné, au lieu de cavaliers, que de deux hommes à pied, qui, me trouvant fort traitable et beaucoup trop malade pour tenter le moin-

dre projet d'évasion, pensaient être assez forts pour me garder. Après avoir marché au nord jusqu'à midi, nous arrivâmes à un village insignifiant, qui fait partie du Cottop. Nous avions traversé un pays plat, mais bien boisé et fertile.

26. Nous sommes partis ce matin à six heures, et ne nous sommes arrêtés qu'à dix heures du soir; dressant nos tentes dans une clairière au milieu d'un grand bois. Nous étions entourés de tous côtés d'une énorme quantité de bambous, de palmiers et de cocotiers. Les ânes furent très-rétifs toute la journée, à cause des mouches qui les tourmentaient sans relâche. Des myriades de ces insectes fourmillent dans les bois, et fondent sur les hommes et les animaux. Ces pauvres ânes étaient si cruellement piqués par eux, que le sang ruisselait de leurs flancs et de leurs jambes, et qu'ils devenaient furieux au point de jeter fréquemment leur charge à terre et de se rouler dans le sable. Faute de trouver de meilleures provisions, il fallut se contenter d'un peu de blé bouilli. Quoique loin d'être rétabli, je me trouvai grandement soulagé.

27. Nous partîmes à sept heures du matin,

et, après un voyage fatigant, nous arrivâmes, à deux heures de l'après-midi, à un village Bowchi nommé Cokalo. Les habitants, étant très-pauvres, ne purent nous procurer que du blé; mais le chef du village ayant terminé un fétiche, avait aussi fait rôtir un chien, cuire un grand serpent dans de l'eau et de l'huile, bouillir une grande quantité de blé, et invité le peuple à un festin, auquel tout le monde pouvait prendre part. On m'envoya, de la table même du chef, une petite portion de blé bouilli, renforcée d'un morceau du reptile, nageant dans le liquide où on l'avait fait étuver. Croyant que c'était du poisson, j'en mangeai une bouchée ou deux : cela me parut d'un goût singulier, mais pas désagréable; je demandai négligemment à quelqu'un qui était à côté de moi quelle était cette espèce de poisson; lorsqu'il m'apprit que c'était un morceau du serpent, il me fut impossible d'en manger davantage. Pascoe, cependant, qui n'était pas aussi difficile, avala tout le reste avec beaucoup de plaisir, et déclara qu'à son avis c'était bien supérieur à la morue sèche.

28. Partis ce matin à huit heures, nous sommes arrivés une heure après sur les bords de

la Coudounia; mais je la trouvai là beaucoup plus profonde, plus large et plus rapide qu'à Cottop. Voulant faire parvenir sur l'autre rive un de mes porte-manteaux, que j'avais placé sur un petit radeau de bambous, le poids se trouva trop fort, et je le rattrapai au moment où il coulait à fond. Ce me fut un avertissement qu'il y aurait du danger à passer la rivière avant que les eaux n'eussent baissé, et je refusai positivement d'accéder aux désirs des envoyés, qui me représentaient fortement la nécessité d'arriver le plus tôt possible à Zegzeg; leur déclarant que je ne voulais risquer ni ma personne, ni mes effets, sur des embarcations aussi faibles et aussi dangereuses. Ils me traitèrent alors de la manière la plus insolente, et me menacèrent d'aller immédiatement informer leur roi de mon refus d'avancer. Je les chargeai de mes profonds respects pour sa majesté, ajoutant qu'ils étaient libres de partir aussitôt qu'ils le voudraient. Je ne saurais peindre leur colère et toutes les imprécations dont ils m'accablèrent en me quittant; quant à moi, je revins lentement avec mes chevaux et mes ânes au village dont nous étions partis le matin.

Si les envoyés allèrent ou n'allèrent pas à Zegzeg, c'est ce que je ne puis dire, mais je ne les revis plus jusqu'au onze juillet suivant. Je restai tout ce temps dans le village, toujours malade, et n'ayant rien à manger que du blé bouilli, car pour rien au monde je n'aurais voulu goûter de chien rôti. Les habitants qui venaient chaque jour me visiter par centaines n'avaient aucune espèce de vêtement, mais se conduisaient cependant avec beaucoup de réserve et de modestie. Les hommes ne paraissaient avoir aucun emploi, aucune occupation, et passaient tout leur temps à se promener dans le village; les femmes, en général, consacraient une grande partie du jour à faire de l'huile avec de petites graines noires et des noix de Guinée.

11 juillet. Les envoyés étant de retour vinrent me trouver, et du ton le plus soumis me prièrent de les accompagner, attendu que le roi ne pensait pas qu'il fût convenable de permettre mon départ, pour quelque lieu que ce fût, avant que je ne l'eusse vu d'abord. En conséquence, je chargeai mon bagage, et suivis mes guides une seconde fois vers la rivière, qui était encore beaucoup trop profonde pour

pouvoir la passer à gué. Comme un radeau de bambous n'était pas assez fort pour supporter un poids considérable, j'imaginai d'en attacher deux ensemble, ce qui répondit parfaitement à ce que je me proposai. Je fis d'abord passer mes porte-manteaux, etc.; puis ensuite, me couchant à plat ventre, je traversai sans aucun accident, conduit par les deux envoyés qui, nageant derrière le radeau, le dirigeaient habilement avec leurs mains. Les chevaux et les ânes ne furent pas tout-à-fait aussi heureux, ils furent entraînés par le courant, qui était fort et rapide, à près d'un quart de mille de l'endroit où ils étaient entrés dans l'eau. Chaque chose étant enfin en sûreté sur l'autre rive, nous quittâmes à onze heures les bords de la rivière, et poursuivant notre course au nord-est jusqu'au coucher du soleil, nous dressâmes notre tente sur une élévation près d'un petit courant; les ânes avaient encore été très-intraitables tout le long de la route.

12. Partis à six heures et demie du matin, nous campâmes, à deux heures de l'après-midi, en dehors d'une petite ville murée nommée Accoran : c'était la première que je voyais depuis que j'avais quitté Mammalik. Elle est

défendue, à l'ouest, par un immense rocher sans végétation; une muraille de terre et un fossé profond la protégent de tous les autres côtés : elle est habitée par les Bowchi, qui sont tellement pauvres ici, qu'ils ne purent nous vendre ni une chèvre, ni même une poule. Un orage violent, comme ils le sont tous dans ces contrées, éclata dans l'après-midi; les torrents de pluie, le tonnerre, les éclairs, ne cessèrent pas toute la nuit.

13. Nous quittâmes Accoran à huit heures du matin, et atteignîmes Cowrou à trois heures de l'après-midi. Le pays que nous traversâmes diffère peu de celui que j'ai décrit plus haut. Les palmiers et les cocotiers cependant, que nous avions vus en si grande abondance, depuis que nous avions quitté Cottop, disparurent tout à coup, et nous n'en vîmes plus jusqu'à notre arrivée près des côtes de la mer dans l'Yourriba. Nous avions traversé dans la journée plusieurs torrents, et laissé à gauche et à droite beaucoup de montagnes à pic, mais peu élevées, sur le sommet desquelles étaient bâtis de petits villages; les chemins qui y conduisent doivent être extrêmement dangereux. Je restai trois jours à Cowrou, pour faire re-

poser les hommes, le cheval et les ânes. Le chef était un fort bel homme, très-proprement habillé avec un tobé et des pantalons blancs ; ses pieds nus étaient peints en rouge. Je lui donnai, en retour d'excellentes provisions, un vieux morceau de tapis, un bonnet d'écarlate, un turban blanc et une chaîne dorée. Les habitants de cette ville appartiennent presque tous à la race du Haoussa.

17. Nous nous mîmes en route à sept heures du matin ; et, suivant une direction nord-est, nous atteignîmes une large rivière appelée Makami qui coule au sud, et prend son nom d'une ville voisine ; nous la traversâmes dans un canot, ce qui me coûta cent aiguilles et soixante cauris. Parvenus à l'autre bord, nous prîmes sur-le-champ droit à l'est, et arrivâmes, à deux heures de l'après-midi, à la ville de Makami. J'envoyai au chef un paquet de soie écrue, cinquante aiguilles et une paire de ciseaux, présent dont il fut très-reconnaissant ; il m'envoya, en échange, deux poissons pesant chacun à peu près sept ou huit livres, et quantité d'autres provisions.

18. Nous étant mis en route à six heures, nous voyageâmes au nord-quart-nord-est

jusqu'à midi, que nous fîmes halte à Ouatorah, autre ville murée. Le chef m'envoya du *touah* et du blé; mais ne pouvant obtenir de volailles, je tuai quelques pigeons à coups de fusil, ce qui causa parmi les habitants autant de surprise que de terreur : je donnai au chef une paire de ciseaux et un cent d'aiguilles.

19. Ce matin, comme il y avait beaucoup de brouillards et d'humidité, Mohamed et les deux envoyés refusèrent de partir, et me dirent que je pouvais m'en aller tout seul, pensant sans doute qu'ils allaient me forcer à rester jusqu'à ce qu'il fût trop tard pour quitter la ville aujourd'hui; mais, me faisant aider par Pascoe et sa femme, je chargeai mon bagage et partis sans eux. Malheureusement je pris par une petite route qui conduisait à quelques jardins, appartenant aux habitants d'Ouatorah ; j'avais déja fait quelque chemin, lorsque, reconnaissant mon erreur, je voulus, au lieu de retourner sur mes pas, regagner à travers champs la bonne route, espérant que j'abrégerais beaucoup; mais les nombreux marais que nous rencontrâmes, et en général la nature marécageuse de tout le terrain, nous retardèrent au point que ce ne

fut qu'à quatre heures de l'après-midi que nous atteignîmes le vrai chemin ; nous le suivîmes pendant deux heures : nos bêtes de somme étant alors épuisées de fatigue, je campai sur le bord de la route : nous nous trouvâmes là dans une entière pénurie d'eau; mais heureusement je pus étancher ma soif avec celle qui coulait des fissures d'un rocher voisin, et dont je parvins à rassembler de petites quantités.

20. Poursuivant notre route à six heures du matin, nous traversâmes, à une heure après-midi, une large rivière qui coule au sud; et à deux heures, nous entrâmes dans une grande ville, nommée Eggebi, gouvernée par un des principaux guerriers du roi de Zegzeg. Cette ville considérable et fort bien bâtie, entourée d'une haute muraille, est située au milieu d'une belle plaine parfaitement bien cultivée; on ne saurait rien imaginer de plus agréable que la vue du pays à plusieurs milles à la ronde. Des arbres magnifiques couverts d'un feuillage opulent, projetant sur le sol une ombre propice et agréable; des champs de blé disséminés çà et là variant le paysage qu'ils enrichissent; un luxe de végétation qui

s'accroît à chaque pas, voilà les tableaux frais et gracieux qui viennent contraster avec l'uniformité des sites de l'Afrique, et apporter au voyageur des émotions délicieuses inconnues à ceux qui n'ont point parcouru cette partie du globe. La ville contient six à sept mille habitants tous très-bien vêtus : l'extrême propreté qui éclate dans leurs cases et sur leurs personnes me rappelait vivement ma chère et lointaine patrie.

21. Quittant Eggebi à six heures du matin, nous voyageâmes jusqu'à deux heures de l'après-midi; nos ânes étant alors épuisés de fatigue, nous fûmes obligés de camper au milieu d'un bois. Comme nous étions loin de toute habitation, nous ne pûmes obtenir de provisions. Nous avions toujours marché au nord.

22. Partis à cinq heures du matin, à midi nous arrivâmes à Zegzeg. Tout le pays que nous parcourûmes depuis (le Buisson) est riche, fertile, et principalement cultivé en jardins. Le roi de Zegzeg ne pouvant me recevoir aujourd'hui, me fit loger dans la maison d'Abdoul Kérim, où mon dernier maître et moi nous nous étions arrêtés lors de notre voyage

à Kano. Dans la soirée, le roi nous envoya quantité de provisions.

23. Étant allé rendre visite au roi dans la matinée, je pris avec moi quatre yards de damas bleu et autant de damas écarlate, de soie bleue et de soie écarlate, une chaîne dorée, six gravures, parmi lesquelles s'en trouvait une représentant Sa Majesté et une autre le duc d'York, deux paires de ciseaux, une main de papier, un bonnet écarlate, six yards de mousseline blanche et un livret en blanc pour dessiner. Ces présents lui plurent beaucoup, et comme je rentrais à mon logement, il m'envoya deux beaux bœufs. Il m'apprit dans la suite qu'il n'avait ordonné mon retour à Zegzeg, que parce que la guerre étant déclarée entre le sultan Bello et le roi de Funda, ce dernier n'eût pas manqué de me faire périr aussitôt que j'aurais été en son pouvoir, pour me punir d'avoir fait des présents à son puissant ennemi; en sorte que je dus considérer mon rappel comme une grande faveur. Abdoul Kérim, mon hôte, pensa qu'il était nécessaire que je fisse quelques présents au fils aîné du roi; aussi lui offris-je, peu après, deux yards de damas bleu et écarlate, un

livre-journal tout blanc, une demi-livre de poudre, une main de papier et une chaîne dorée. Ce jeune prince est remarquablement beau et bien fait; il peut avoir environ vingt-deux ans, et m'a toujours témoigné beaucoup d'amitié; entre autres marques de faveur, il me fit pénétrer dans l'intérieur de l'appartement de ses femmes. Lorsque j'entrai, elles étaient environ cinquante, toutes assises à l'ombre, en dehors de leurs cases, occupées à filer du coton et à en faire des étoffes. Le prince leur dit : « J'ai amené le chrétien pour vous voir »; mais elles ne m'eurent pas plus tôt aperçu qu'elles laissèrent à l'instant leur ouvrage, et coururent promptement se cacher dans leurs couzies; j'eus beau regarder, je n'en vis plus une seule. Quatre de ces femmes logent ensemble dans un couzie. Le même jour, le prince m'offrit une jeune esclave, nommée Aboudah, pour en faire ma femme. Je l'acceptai avec reconnaissance, sachant tous les services qu'elle pouvait me rendre dans le cours de mon voyage, et la satisfaction que j'éprouverais en lui donnant la liberté à mon arrivée à la côte. Mohamed vint me retrouver; il arrivait à l'instant même d'Ouatorah. J'en avais été si mécontent, il s'était si mal conduit avec moi, que je lui donnai sur-le-champ son congé. J'avais assez d'expérience pour être parfaitement convaincu qu'on ne peut faire aucun fond sur la fidélité d'un domestique de louage. J'achetai ici, au prix de sept piastres, un jeune esclave, nommé Djowdie, pour remplacer Mohamed. Les ânes, étant aux abois et ne pouvant se soutenir, avaient besoin d'un repos de vingt jours pour reprendre des forces; je me décidai à les échanger contre un bon bidet de l'Yourriba, qui séjournait à Zegzeg depuis long-temps. Ce cheval, et le bœuf que le roi m'avait donné, remplaçaient les ânes avec avantage. Je fis cadeau à Abdoul Kérim d'un livre-journal en blanc, d'un turban et d'un bonnet écarlate. Le roi et son fils étant en campagne lorsque nous traversâmes leur pays dans notre voyage à Kano, je suis réellement persuadé que le seul désir de satisfaire leur curiosité les détermina à me faire venir et à interrompre si malheureusement mon voyage à Funda. Sur ma demande, le roi me permit de partir le lendemain.

De Zegzeg à Badagry.

24. Nous partons à six heures du matin : halte à trois heures pour fixer la tente dans les murs d'Ouauri.

25. Départ à la même heure, et entrée à Fatica, vers quatre heures. Le roi de Zegzeg avait dépêché un courrier vers le chef de la ville, pour lui ordonner de nous fournir une escorte pendant la traversée d'un bois infesté de voleurs.

26. Séjour à Fatica, dont le chef nous fournit des vivres en abondance, etc. ; je lui donnai deux yards de soie pourpre, un bonnet de drap de la même couleur, deux paires de ciseaux et un cent d'aiguilles.

27. Départ à huit heures du matin, avec une escorte de huit cavaliers et de quatre hommes à pied; nous passâmes le bois sans rencontre fâcheuse, et allâmes camper près de Kazigi, à sept heures du soir. Je congédiai mon escorte, après avoir donné cinquante aiguilles à chacun des hommes qui la composaient; nous venions de traverser les frontières du pays de Haoussa pour entrer dans celui de Gouari.

28. Avant de quitter Kazigi, on exigea une taxe de 600 cauris ou un présent, pour pouvoir continuer notre route; je préférai donner les cauris. Je marchai jusqu'à trois heures de l'après midi, et m'arrêtai près d'une petite ville murée, nommée Maccondie. J'y trouvai une cafila de marchands allant à Coulfa, qui me vendirent une petite chèvre que je payai 1800 cauris.

29. Nous partîmes à six heures du matin, et dressâmes la tente à midi, en dehors des murs de la ville de Gouari. Le roi m'envoya une certaine quantité de bœuf étuvé, une calebasse de miel, du lait et du touah.

30. Il fut impossible de traverser la rivière dans la journée.

31. J'allai rendre visite au roi dans la matinée, et lui fis don de trois yards de toile bleue damasquinée, de trois yards de soie bleue et pourpre, d'un journal en blanc et d'un cent d'aiguilles. Le vieux prince s'enquit des causes qui avaient retardé mon voyage sur la route de Kano, ayant appris par des marchands que j'en étais parti depuis long-temps. Je lui dis que j'avais essayé de me rendre au bord de la mer, par la voie beaucoup plus di-

recte de Funda. Il répliqua qu'il me ferait accompagner d'un guide, si mon intention était encore la même ; et qu'il ne doutait point de la réussite de ce projet, puisque le roi de Funda était son ami. Je lui exprimai tous mes regrets de ne pouvoir profiter de son offre obligeante ; attendu que les objets destinés en présents étant presque épuisés, il ne me restait rien d'assez bon pour être offert à ce souverain. Le roi de Gouari avait à son service un eunuque, né dans les environs de Funda, qui vint me voir d'après l'ordre de son maître ; nous eûmes une longue conversation, dans laquelle il m'apprit que le lieu de sa naissance était Gibbou, situé sur le Niger, à quatre ou cinq jours de marche de Funda. Il ajouta qu'il avait été vendu comme esclave au souverain de ce dernier pays, et donné par lui à son maître actuel. Il avait mis huit jours à se rendre par eau de Gibbou à Funda, ayant contre lui un courant de cinq nœuds à l'heure ; mais le voyage de Funda à Gibbou peut facilement s'exécuter en trois ou quatre jours. Je rencontrai en ville plusieurs marchands qui allaient à Coulfa, et qui me prièrent de les accompagner, parce que la route était infestée de brigands qui dernièrement même avaient commis un grand nombre de crimes. Dans la crainte qu'il y eût quelque chose de vrai dans ce récit, je les attendis pendant trois jours; mais comme ils n'avaient pas encore acquitté les droits, et qu'ils ne paraissaient nullement disposés à partir, je préférai courir seul les risques de la route, plutôt que de rester davantage dans Gouari.

2 août. Sur le soir je fus faire ma cour au roi, qui m'engagea à me faire accompagner d'un guide jusqu'à Ouomba; je le remerciai de son offre généreuse, en lui faisant observer que je ne craignais point de partir avec une petite caravane, et que je serais fâché de lui causer le moindre embarras.

3. Départ de Gouari à cinq heures et demie du matin; arrivée à Fellundochie à deux heures de l'après-midi.

4. Forte pluie pendant toute la journée, qui empêcha de plier la tente.

5. En quittant Fellundochie, à six heures du matin, nous nous arrêtâmes à quatre heures en dehors des murs de Kazzagebebba. Le chef de cette ville nous envoya du touah et du blé; comme ce n'était pas un jour de marché, il

s'excusa de n'avoir rien de mieux à nous offrir : il fut tout fier de recevoir un bonnet rouge et une paire de ciseaux.

6. Le départ eut lieu à la même heure que le jour précédent. Après avoir traversé une grande rivière en pirogue dans l'après-midi, nous campâmes au milieu d'une cinquantaine de huttes en paille inhabitées, et construites pour servir de logement temporaire à une caravane de marchands qui y étaient passés quelques mois auparavant. On fut tellement incommodé des moustiques pendant la nuit, qu'il fallut mettre le feu aux huttes pour les chasser.

7. Après avoir marché depuis six heures du matin jusqu'à six heures du soir, on arriva à Ouomba, grande ville environnée d'une haute muraille. Le chef nous envoya des volailles, du riz, du lait et un pot de miel, avec du blé, etc., pour nos chevaux. Ayant besoin d'argent, je fis porter des aiguilles au marché, qu'on vendit 15 cauris la pièce, ce qui me produisit 3,400 cauris. J'offris au chef deux yards de soie bleue et pourpre, ainsi qu'un bonnet pourpre et une paire de ciseaux.

8. Le lendemain, j'allai présenter mes respects à ce petit prince, qui insista pour que

je prisse un guide, sous prétexte que les routes étaient dangereuses et difficiles.

9. Nous quittâmes Ouomba à six heures du matin avec le guide, et à pareille heure du soir, ayant traversé une rivière très-large, nous campâmes sur le bord méridional de ce courant, parmi un grand nombre de huttes semblables à celles que nous avions vues le 6 : on fut obligé de se garantir de la même manière contre la vermine et les moustiques, qui nous tourmentaient au-delà de toute expression.

10. Partis à la même heure que le jour précédent, on s'arrêta à la ville de Beari à deux heures après midi. Au lieu de suivre la direction du sud-ouest vers Youri, on prit un autre chemin directement au sud, d'après l'information que plusieurs marchands avaient été pillés et assassinés depuis peu sur la route que j'avais eu d'abord l'intention de parcourir. Le chef m'envoya un mouton, un canard, une certaine quantité d'ignames (*dioscorea alata*), et de la bière faite avec du maïs. Je lui donnai en retour un yard de soie bleue et pourpre, un bonnet rouge et quatre gravures qui le mirent dans l'enchantement. Aussitôt qu'un

de ses officiers me vit approcher de la résidence royale, il se mit à souffler dans une longue trompette de cuivre : le son aigre et bruyant qu'il en fit sortir attira sur le terrain toute la population mâle de l'endroit, qui fit cercle autour du chef. C'était un fort bel homme de près de cinquante ans, dont la noble figure et les manières pleines de dignité annonçaient l'habitude du commandement. Le couzie où nous fûmes introduits, était le plus grand de tous ceux que j'ai vus en Afrique ; il a au moins 240 pieds de circonférence. Un homme se tint debout près du chef, pour lui répéter ce que j'avais à demander, ou pour me transmettre ses réponses ; cette singulière coutume me semble particulière à Beari, je ne l'ai jamais remarquée dans aucune autre ville d'Afrique. Les questions d'usage, relatives à mon roi et mon pays, ne furent point oubliées. Cette ville est protégée par une haute muraille et un fossé profond : elle peut contenir environ 4,000 habitants, dont quelques-uns nous avaient précédemment vus à Ouomba.

11. On continua la marche à six heures du matin, et l'on parvint à Regada à deux heures

après midi ; on resta en dehors de la ville, afin de faire paître les chevaux dans les riches pâturages dont elle est environnée. Le chef désirait que j'allasse prendre quartier dans sa hutte; mais force me fut de le refuser, par la raison ci-dessus donnée. Les murs de la ville ont près de trois milles de circonférence.

12. En traversant cette grande cité le matin à six heures, je visitai le chef, qui fut très-satisfait de me voir ; il me donna un mouton, quelques pièces de volaille et une jatte de gir (sorte de bière faite avec le maïs); il m'offrit un conducteur que je refusai. Je continuai de marcher sans m'arrêter jusqu'à trois heures de l'après-midi, où, parvenu un peu à l'ouest de Ouittesa, je résolus de dresser la tente. La pluie nous surprit une heure après notre sortie de Regada, et fut toujours battante jusqu'au coucher du soleil. Tous les effets contenus dans les porte-manteaux, quoique garnis d'une forte peau de bœuf, furent mouillés; les papiers seuls n'éprouvèrent aucun dommage. Je fis rencontre en ce lieu d'un parti de marchands qui se dirigeaient vers Koulfa.

13. Nous demeurâmes ici tout le jour pour

sécher notre tente et notre bagage. Boussa-Djack, ce cheval qui avait été donné à mon maître par le roi de Boussa, devint dangereusement malade : je le saignai copieusement, et le soir il parut beaucoup mieux. Je vendis un livre journal en blanc et quelques aiguilles, qui me rapportèrent 2,000 cauris.

Vers le soir, un homme de la ville, dans un état d'ivresse complète, vint me trouver, tenant une calebasse pleine d'une certaine liqueur; il insista très-insolemment pour que j'en busse avec lui. J'étais alors fort occupé d'emballer les effets que j'avais fait sécher, et je ne crus pas devoir déférer à son invitation : voyant que je refusais de sortir, il annonça qu'il allait entrer. Pour intimider ce malheureux, je pris un pistolet chargé, et menaçai de le tuer s'il ne se retirait à l'instant. Ceci eut un effet contraire à ce que j'en attendais, et ne servit qu'à l'exaspérer; il s'avança rapidement sur moi en faisant jouer une longue lance au-dessus de sa tête, de manière que je n'eus que le temps de m'écarter un peu de côté, pour saisir l'arme dangereuse dont j'étais menacé, et que je parvins à arrêter à un pouce de ma poitrine, ce qui me sauva la vie. Cette action me mit hors de moi ; je dis aux témoins de cette scène que s'ils n'entraînaient à l'instant ce misérable hors de ma tente, je me verrais forcé de tirer sur-le-champ, pour ma défense personnelle ; six d'entr'eux l'entraînèrent. Le lendemain, il vint se jeter à mes pieds pour me supplier de ne point informer le sultan Magie de sa conduite, car il était assuré de perdre la tête. Je lui pardonnai, sous la promesse qu'il ne se porterait jamais à de tels excès.

14. La tente fut pliée à six heures du matin; et traversant, vers midi, les ruines d'une ville, autrefois considérable, nommée Kabojie, nous arrivâmes à Dogo à trois heures; on ne s'y arrêta que pour acquitter le droit de passage; nous allâmes camper un peu à l'ouest. Plusieurs femmes de la ville vinrent, le soir, nous apporter du touah et du bœuf bouilli, que je payai avec de la verroterie.

15. On continua la route à sept heures du matin, pour arriver à Coulfa sur les deux heures. Je rencontrai, aux portes de la ville, une femme dont nous avions occupé autrefois la maison, en allant à Kano; elle était accompagnée des femmes les plus distinguées

de la ville, qui toutes exprimèrent une grande joie de me revoir; mais quand je leur dis que mon père était mort, elles parurent profondément affligées, et firent entendre de bruyantes lamentations. Quoique la ville fût remplie de marchands et que la maison de mon ancienne hôtesse fut occupée par plusieurs d'entr'eux, cette excellente femme les fit déloger et me donna son meilleur appartement. Ces marchands venaient de Kotonkora, de l'Youri, de Kano, de Sackatou, de Borgou et de l'Yourriba, pour y acheter de la toile de Nyffé, la meilleure qu'on fabrique dans l'Afrique centrale; des mors et des étriers en fer; des ornements en cuivre pour les selles et les brides, ainsi que des anneaux pour les doigts et les oreilles : ce commerce est très-étendu. Le vieux chef m'envoya de la volaille, du touah, du lait et du bum; mon hôtesse me donna un mouton, et chaque jour d'autres provisions, tant que je restai chez elle.

Je demeurai cinq jours à Coulfa, pendant lesquels, trouvant que ma petite jument de l'Yourriba et le bœuf donné par le roi de Zegzeg ne pouvaient plus supporter les fatigues du voyage, je fis l'échange du bœuf et d'une vieille veste turque contre deux ânes, sans pouvoir vendre la jument, quoique je l'offrisse pour une piastre : elle mourut la veille de mon départ. Ce ne fut pas sans le plus grand regret que l'hôtesse me laissa partir; elle me fit promettre de revenir dans deux ans, et me chargea de lui acheter des miroirs que je lui rapporterais, ce à quoi je m'engageai. Je lui donnai une piastre pour se faire un anneau, et une demi-yard de damas rouge. J'offris au vieux chef un bonnet rouge et un des turbans de feu mon maître, en lui demandant de ne point me forcer à visiter le sultan Magie, à son sanson, n'ayant plus rien à lui donner; il me conseilla dans ce cas de quitter le pays au plus tôt, de crainte qu'il n'expédiât des messagers après moi. Je vendis pour 5,000 cauris d'aiguilles, destinés aux frais du reste du voyage.

20. Étant allé la veille prendre congé du roi, je sortis de Coulfa, en bonne santé, sur les six heures du matin : j'arrivai près de Makonja vers cinq heures; j'y trouvai une réunion de marchands allant à Gonja, près de l'Achanti, pour y chercher des noix de gouro. Dans l'impossibilité de me procurer des provisions en ville,

je tuai un héron d'un coup de fusil, sans me douter que cet oiseau étant considéré comme un fétiche, il n'était permis qu'aux chefs de le manger. Instruit du délit dont je venais de me rendre coupable, un des principaux habitants sortit armé d'un fusil, et menaça de me tuer, en se servant d'expressions insultantes; je le défiai de tirer, en lui disant que je me plaindrais de sa conduite au sultan Magie.

21. Ce même individu vint de bonne heure me demander pardon, en s'excusant sur ce qu'il était ivre. Je me mis en route à six heures du matin, et m'arrêtai à midi à Dalho, située sur les bords de la rivière Quontakora. Tout le bagage fut transporté de l'autre côté à trois heures, et, au coucher du soleil, on parvint au pied d'une montagne, cinq milles à l'est du Niger, où nous passâmes la nuit. Le pays parcouru pendant cette journée ne présente partout que des marécages continuels, dans lesquels les ânes enfonçaient jusqu'à moitié du poitrail. Il plut sans relâche depuis le matin.

22. Nous quittâmes la montagne à neuf heures, pour arriver à midi sur les bords du Niger, dont le lit a au moins trois cents pieds

de plus en cet endroit que dans celui où nous l'avions aperçu, en allant à Sackatou. Après avoir attendu une heure, il vint une pirogue pour nous prendre; mais nous ne fûmes passés qu'à deux heures, attendu qu'il fallut transporter les chevaux, à cause de la rapidité du courant. Mon pauvre esclave Djowdie, qui n'avait vu, de sa vie, une aussi grande masse d'eau, fut très-effrayé : on parvint cependant à le déterminer à entrer dans la pirogue; mais au moment où il mit le pied sur l'autre bord, il perdit entièrement connaissance. On débarqua à Inguazhilligi, où les principaux d'entre les habitants nous invitèrent de rester quelque temps; mais n'ayant plus rien à donner, nous partîmes en toute hâte, dans l'espoir d'atteindre un village avant la nuit. Cependant les ânes étant très-fatigués, on fut contraint vers six heures de placer la tente sur un terrain marécageux au milieu des broussailles. Les routes étaient très-mauvaises, elles traversaient une terre noyée, qui ne permit pas de faire plus de deux milles à l'heure; depuis trois jours nous nous endormions sans prendre de nourriture.

23. Partis à six heures, nous marchâmes

dans des routes semblables à celles de la veille. La pluie était battante ; on arriva à une heure près d'un petit village, où il fallut rester tout le jour pour donner du repos à nos montures. Pendant ce court trajet, elles s'étaient enfoncées sept fois dans des fondrières, d'où on ne put les retirer qu'avec beaucoup de peine et après les avoir déchargées complètement. Personne dans ce pays n'entendait le langage du Haoussa. J'entrai dans une hutte ouverte, et donnant quelques grains de verroterie, je fis comprendre que nous avions le plus grand besoin de vivres et de repos. Une seule pièce de volaille fut tout ce que je pus m'y procurer; mais comme j'eus le bonheur d'abattre une pintade d'un coup de fusil, nous fîmes un assez bon repas avant de nous endormir.

24. On quitta le village à sept heures, et marchant jusqu'à trois heures de l'après-midi, nous arrivâmes à Ouaoua, qui est, sans contredit, la ville la plus agréable de toute l'Afrique centrale. Pendant la sécheresse, on peut aller d'Inguazhilligée à Ouaoua en un seul jour ; nous mîmes deux jours et demi à parcourir cette distance.

25. Je donnai en présent au vieux monar-

que africain quatre yards de damas écarlate, et quatre de bleu; un bonnet de la même couleur et un turban blanc. Quoiqu'il fût enchanté de me voir, sa douleur fut extrême lorsque je lui appris la mort du capitaine Clapperton à Sackatou; il s'extasiait de ce que j'existais encore après avoir visité les Fellatah, regardés par lui comme les hommes les plus cruels de la terre; il prétendait que ma conservation était miraculeuse et un effet de la faveur particulière de Dieu. Je fus obligé, pour condescendre à ses désirs, de rester plusieurs jours avec lui, et de nettoyer sept fusils et trois pistolets, qu'il me dit avoir jadis appartenu aux hommes blancs noyés à Boussa; ils portent en effet la marque des fusils anglais.

26. Je sollicitai la permission d'aller présenter mes respects au roi de Boussa.

27. Je partis à cinq heures pour ce pays, accompagné de Pascoe; mais après avoir marché jusqu'à six heures du soir, nous ne parvînmes qu'à mi-chemin. Ce pays présentait beaucoup de terres noyées et de marécages, dans lesquels nos chevaux s'enfonçaient jusqu'au haut des jambes; et comme Pascoe était

un très-mauvais cavalier, il fut plus d'une fois mouillé de la tête aux pieds, par ses chutes répétées. Le reste de la route paraissant encore plus difficile, je me déterminai à retourner.

28. Rentrée à Ouaoua.

29. Le roi m'envoya une chèvre coupée par morceaux, et une grande jatte de touah, afin de faire un sadacco, en mémoire de mon maître. Cette cérémonie, commune à beaucoup d'endroits de l'intérieur de l'Afrique, a lieu à la mort de quelque grand personnage ; elle consiste à envoyer les pièces de la chèvre et la jatte de touah au malem ou prêtre, qui prononce une courte prière sur ces objets, avant laquelle on doit placer une pièce d'or ou d'argent, ou tout autre objet fabriqué de ces métaux précieux, sur la partie supérieure de la jatte. N'ayant point de monnaie, je mis à la place un porte-crayon en argent, qui ne me fut jamais rendu. La prière terminée, le malem me renvoya la chèvre et la jatte de touah, pour les partager avec ceux qui se présenteraient. Avant de goûter à ce mets consacré, chaque personne répète pieusement ces paroles: « Que Dieu lui ouvre le ciel. » La chèvre et le touah eurent bientôt disparu.

Les fusils et les pistolets du vieux chef se trouvant en état, je lui demandai la permission de partir; mais le vieillard me dit en riant, que la moitié de mon travail était encore à faire; il avait besoin de six charmes que je pouvais seul écrire. Il se proposait de les porter sur lui, et voulait qu'ils possédassent les vertus suivantes, savoir : dans le cas où ses ennemis prendraient la résolution de lui faire la guerre, ils devaient, par la vertu du premier, oublier d'en venir à l'exécution. Le deuxième était destiné à leur faire tourner le dos à la ville capitale, au moment même où ils se prépareraient à marcher pour l'attaquer. Par le troisième, il voulait que les flèches qu'ils lanceraient contre ses gens, rebroussassent chemin et allassent les blesser eux-mêmes dans les yeux. Le quatrième devait prévenir les explosions de leurs fusils. Le cinquième devait garantir sa personne des effets de cette explosion, si malheureusement elle avait lieu. Enfin le sixième charme avait pour objet de le rendre le mortel le plus heureux de la terre.

31. Je remis les charmes au vieux chef; ils consistaient en quelques versets de vieilles bal-

lades anglaises. Ce présent le rendit tout joyeux et le plus heureux homme du monde.

1er septembre. Le roi désirait me retenir encore, et insistait pour que je lui vendisse mon fusil et mes pistolets, les seuls qui me restaient. Je cherchai par tous les moyens possibles à le détourner de cette idée ; mais voyant que sa détermination était bien prise, et que toute résistance serait ridicule, je lui envoyai ces armes, en laissant à sa générosité à en fixer le prix. Ce chef m'envoya bientôt après 4,000 cauris (valant un peu plus d'une piastre), et le lendemain il me fit présent d'une jolie petite jument.

3. Le vieux chef voulut me voir avant mon départ, et me fit promettre de revenir lorsque j'aurais visité mon pays. Il me montra plusieurs échantillons de soie pour un tobé qu'il me pria de lui apporter d'Angleterre. « Tes compatriotes, me dit-il en me quittant, peuvent venir ici pour y bâtir une ville et faire le commerce sur le Niger : nous savons actuellement que ce sont des hommes bons et braves, mais nous ne le savions pas à l'époque où ils se noyèrent à Boussa. » Il me garda jusqu'à

neuf heures. En arrivant à ma hutte, j'y trouvai plusieurs marchands que cet excellent chef avait retenus afin de m'accompagner à Khiama (circonstance qu'il m'avait cachée), attendu que les routes étaient infestées de malfaiteurs. Nous traversâmes la rivière Aouli à midi; la rapidité du courant fut un grand obstacle à notre passage; cependant on n'éprouva aucun accident, et nous déployâmes notre tente sur la rive méridionale. Pendant la soirée, je reçus du malem ou prêtre des marchands les renseignements suivants sur Mungo Park et ses compagnons d'infortunes.

« Tu n'es pas le premier blanc que j'aie vu ; j'ai très-bien connu autrefois trois de tes compatriotes. Ils arrivèrent à Youri pendant les fêtes du Rhamadan (avril). Je fus trois fois chez le sultan avec deux d'entre eux. Celui qui me parut être le chef, fit un présent considérable au sultan ; il consistait en un beau fusil, un sabre, une grande pièce de drap écarlate, beaucoup de verroteries, plusieurs couteaux et un miroir. C'était un homme très-grand et très-fort, ayant les bras longs et les mains larges garnies de gants de cuir qui lui venaient jusqu'aux coudes. Il portait un chapeau de paille blanche, une longue veste, un pantalon blanc et des bottines de cuir rouge; ses yeux et ses cheveux étaient noirs, comme sa barbe épaisse et sa grande moustache. Le sultan de Youri conseilla à tes compatriotes de faire le reste de leur route par terre; le lit de la rivière étant parsemé de rochers noyés, et les bords couverts de peuples féroces, le voyage par eau était trop dangereux. Ils refusèrent de suivre ce conseil, en donnant pour motifs, qu'ils étaient obligés de descendre le Niger jusqu'à l'eau salée. Le vieux malem ajouta, qu'aussitôt que le sultan de Youri eut appris leur mort, il en fut très-affecté, mais qu'il n'était pas en son pouvoir de punir ceux qui les avaient noyés. Quelque temps après, une maladie pestilentielle s'étendit sur Boussa; le roi et les principaux d'entre les habitants périrent victimes de ce fléau, ainsi que les auteurs du meurtre des hommes blancs. Ceux qui survécurent, s'imaginant que c'était une punition envoyée par le Dieu des blancs, placèrent tout ce qui avait appartenu à ces derniers dans une hutte, et y mirent le feu. »

Il est assez remarquable qu'un proverbe

populaire, qui a cours aujourd'hui dans tout l'intérieur de l'Afrique, fait allusion à cet événement : « Ne fais pas de mal, dit-on, à un chrétien, si tu ne veux mourir comme ceux de Boussa. » Ce vieillard me quitta, après avoir reçu mes remercîments pour cette communication volontaire.

4. Nous nous éloignâmes de la rivière à neuf heures du matin, et à deux, la tente fut placée dans un petit bois; nous avions marché isolément, parce que les marchands ne s'étaient pas trouvés prêts à temps; et malgré ce qui nous avait été dit par le roi d'Ouaoua, nous ne fîmes aucune fâcheuse rencontre.

5. Nous étions en route à six heures : nous nous reposâmes à quatre dans une petite ville nommée Gorkie. Un de nos ânes fut pris de mal subitement pendant la route, et l'on eut beaucoup de difficulté à le traîner jusqu'à la couchée. D'après les recommandations du souverain d'Ouaoua, le chef de la ville nous fit un accueil amical, et nous procura de la volaille, du riz, des ignames, etc., en échange d'une paire de ciseaux et de quelques aiguilles.

6. On fut obligé d'abandonner l'âne malade, malgré tous les efforts qu'il fit pour suivre son

compagnon. Nous quittâmes la ville à six heures du matin, et arrivâmes à la nuit près de quelques huttes en terre, semblables à celles que nous avions vues précédemment. On se mit à l'abri dans la plus grande, pour nous épargner la peine de déployer la tente. En passant une rivière, en apparence très-étroite, mon cheval s'enfonça subitement de quelques pieds dans la boue et le sable, et s'embarrassant dans les racines d'arbres dont le fond était garni, il tomba sur le côté et me renversa au milieu du courant; ne pouvant me dégager des étriers, je restai pendant quelques instants sous l'eau dans une position assez périlleuse; je parvins cependant à me retirer, et, après beaucoup d'efforts, nous sauvâmes aussi le cheval. Les marchands me dirent à Khiama, que je devais m'estimer heureux d'en être quitte à si bon marché, attendu que cette rivière était infestée de crocodiles.

7. Départ à six heures, et arrivée à six heures du soir à Yaro, dont le chef nous fit un présent de provisions, comme d'habitude. Nous y fûmes assaillis, sur les neuf heures du soir, par un orage épouvantable qui dura trois heures consécutives; le calme qui succédait par inter-

valles était peut-être encore plus effrayant; le vent avait déraciné les plus grands arbres; des coups de tonnerre tels que je n'en avais pas encore entendu, faisaient trembler le sol sur lequel nous étions campés; de grands globes de feu qui descendaient fréquemment du ciel, ajoutaient une nouvelle horreur à cette scène de dévastation et d'effroi.

8. Pluie continuelle. Séjour forcé.

9. Départ à six heures et demie, et arrivée à Khiama à midi. J'allai de suite chez le roi, qui me demanda aussitôt comment j'avais osé entrer dans sa ville, sans l'en avoir préalablement informé par un message. Je répondis que je lui avais envoyé un de ses propres sujets depuis plusieurs jours pour l'en prévenir. « Cela « ne suffit pas, il fallait me faire avertir ce « matin même : monte à cheval et retourne sur « tes pas à la distance d'une heure et demie de « route; alors, envoie-moi un messager, afin « que je puisse ordonner une escorte suffi- « sante et digne de ton rang pour te conduire « ici. » Déjà j'obéissais à cet ordre bizarre, lorsqu'il me cria : « Je te pardonne, chrétien, pour « cette première fois; mais songe à ne point « recommencer. » Ce roi est rempli d'humanité;

il regrettait beaucoup la mort de mon père, dont il avait déja connaissance; il savait aussi de quelle indigne manière les Fellatah s'étaient conduits envers nous. Il me demanda ce que nous allions faire à Sackatou? Je répondis que nous nous trouvions à Kano, allant à Bornou, lorsque le sultan Bello nous envoya chercher, ce qui nous obligea de lui rendre visite. Il m'offrit de me faire conduire à Bornou sans danger; il se disait tributaire du Cheikh. Je refusai son offre généreuse, par la raison que Bello s'étant emparé des présents que nous lui destinions, il ne m'en restait pas qui fussent dignes d'un aussi grand prince. Je lui donnai un ceinturon d'épée en soie, trois yards de damas bleu et rouge, la même quantité de soie bleue, un bonnet rouge, deux paires de ciseaux et un cent d'aiguilles. Je lui offris encore ma vieille tente, devenue complètement hors de service.

Nous restâmes cinq jours à Khiama, pendant lesquels la reine se montra constamment bienveillante envers nous, et nous envoya chaque jour une grande quantité de vivres de la meilleure qualité. La veille de mon départ, le roi me donna un cheval, en me disant que si le roi d'Angleterre voulait envoyer quelqu'un dans le Bornou, à quelque époque que ce fût, il l'y conduirait par une route sûre et sans aller dans le pays des Fellatah. Le roi de Khiama est sans contredit le plus bel homme que nous ayons vu en Afrique, très-supérieur à Bello; et, à l'exception du roi d'Yourriba, il était le mieux habillé.

14. Nous quittâmes Khiama à six heures, et nous nous arrêtâmes dans Sabia vers une heure de l'après-midi. Le pays que nous vîmes est rempli de marécages et de fondrières ; nos chevaux tombèrent souvent avec les cavaliers dans cette route difficile. Le chef de Sabia me donna une chèvre et quelques ignames, par ordre du guide du roi de Khiama.

15. Partis à six heures du matin, nous marchons jusqu'à dix heures du soir; on s'arrête dans un bois.

16. Après avoir traversé une crique, on arriva à six heures à Mossa, ville située sur la rivière du même nom, qui sépare l'Yourriba du Borgou. La rivière étant débordée, et son courant fort et rapide, les habitants n'osaient entreprendre de nous transporter sur le bord op-

posé. On ne put se procurer aucune espèce de provisions dans la journée.

17. Je demandai au conducteur du roi de Khiama pourquoi il craignait tant de traverser l'eau, en lui faisant remarquer que j'avais, pour ma part, passé des rivières beaucoup plus rapides à la nage; je citai entre autres le Niger. Cet homme me pria alors en tremblant, si je tenais à la vie, de ne point nommer de rivières en présence de celle de Mossa, qui était du sexe féminin; cette dernière, disait-il, avait plusieurs rivales qui lui disputaient le cœur du Niger, son mari; et comme elle était d'humeur jalouse, capricieuse et cruelle, et que je venais de parler d'elle d'une manière assez légère, elle me ferait périr sans nul doute, si je m'aventurais sur ses flots. Il ajouta qu'elle grondait sans cesse son mari de ses familiarités avec les autres rivières, et qu'à l'endroit de leur jonction, le bruit de leurs disputes ressemblait à celui de l'enfer. Je partis d'un éclat de rire en entendant parler des amours du Niger; ce qui rendit mon homme si furieux, qu'il me fallut prendre mille peines pour l'apaiser. Ne pouvant me procurer de vivres dans

ce village, j'allai voir le chef pour lui demander s'il avait l'intention de nous faire mourir de faim. Le rusé vieillard avait un jardin contenant une grande quantité d'ignames, mais il refusa d'en vendre, sous prétexte qu'il n'en avait même pas pour lui. Je le priai alors de permettre que Pascoe coupât de l'herbe dans son jardin pour nos chevaux; ce fut avec peine qu'il m'accorda cette demande. Pascoe retourna le soir avec une grande botte d'herbe, dans laquelle il avait caché plusieurs ignames qu'il eut le bonheur de trouver; sans cela, je crois qu'il nous eût fallu mourir d'inanition dans cet endroit.

18. Nouvelle visite au chef pour lui demander des vivres; il déclara formellement qu'il éprouvait lui-même les plus grands besoins, sans rien pouvoir se procurer. Je le pressai alors d'envoyer sa pirogue sur l'autre rive pour en rapporter des provisions, et je ne parvins à le faire consentir à cet arrangement qu'en promettant de lui faire avant tout un charme pour le garantir des accidents du voyage. A cet effet, il tua une poule fétiche, répandit le sang sur la rivière, plaça une partie des entrailles à l'avant de la pirogue et un œuf cassé à

l'arrière; il balbutia ensuite quelques expressions inintelligibles, et fit entrer un homme dans la pirogue, avec ordre de se rendre sur l'autre bord. Il arriva fort heureusement; mais, à son retour, chargé de poules et d'ignames, il toucha contre un arbre qui se trouvait au milieu du courant, coula immédiatement, et toute la cargaison fut perdue. Le chef m'apprit que la rivière ne serait navigable que dans trois ou quatre jours. Pascoe revint, le soir, avec une partie des ignames du chef et une botte d'herbes.

19, 20 et 21. Aucune nourriture pendant ces trois jours, sinon les ignames que Pascoe dérobait dans le jardin du roi.

22. Tentative de passage à midi, qui ne fut complètement effectué qu'à cinq heures du soir. Les chevaux et les ânes furent transportés à un quart de mille par le courant. On s'arrêta à Onantatah, première ville de l'Yourriba, à deux heures de marche du point de passage.

23. La route fut reprise à sept heures du matin, et on s'arrêta à Hogie sur les onze heures; nous y restâmes tout le jour. Le chef me donna un porc, des ignames, du blé, etc.

Je lui offris en retour un bonnet et cinquante aiguilles, dont il fut très-satisfait.

24. Séjour à Hogie.

25. On recommença à marcher à cinq heures du matin pour atteindre Katunga, capitale de l'Yourriba, à sept heures du soir. Les terrains bas qu'il fallut traverser avaient presque été rendus impraticables par les pluies, qui tombaient sans interruption. J'y logeai dans la maison que j'avais autrefois occupée avec mon maître.

26. Le roi ne voulut pas que j'allasse chez lui, de crainte que je ne me mouillasse les pieds ; il vint me trouver avec 500 de ses femmes (il en possède 2,000) et plusieurs des principaux du pays. Les femmes célébrèrent mon retour par des chants simples et tendres ; leurs voix me parurent douces, et cette réception avait un caractère de nouveauté, qui n'était pas sans agrément. Il me fallut prêter la plus grande attention jusqu'à la fin de ce concert vocal. Le roi m'exprima tous ses regrets de la mort de mon maître, et me fit les questions les plus minutieuses sur les motifs qui nous avaient conduits dans le centre de l'Afrique ; il parut satisfait lorsque je lui dis que notre

seul but avait été de voir, par nous-mêmes, si l'on y trouverait quelques objets de commerce assez importants pour y établir des relations suivies. Ce roi était richement vêtu d'un tobé de damas écarlate et d'un pantalon de toile du pays, rouge à raies bleues; ses jambes étaient teintes en rouge jusqu'aux genoux au moyen de l'henneh; il portait des sandales de cuir rouge; sa tête était couverte d'un bonnet de damas bleu, garni de corail; et des anneaux d'argent ornaient son col, ses bras et ses jambes. Je lui offris le cheval qui m'avait porté depuis Kano, en lui exprimant le regret de n'avoir rien de mieux à lui présenter; mais je lui promis, dans le cas où il me ferait accompagner de deux guides jusqu'à la côte, de lui envoyer quelque chose de plus précieux. Il me fit porter, à la fin du jour, une chèvre et une grande quantité d'ignames.

27. D'après le désir de ce prince, je me présentai chez le chef de sa cavalerie et chez deux autres grands personnages; le premier me donna une chèvre et une bouteille de miel. Je lui fis remarquer que j'étais très-pauvre, et qu'il m'était impossible de reconnaître sa générosité.

30. J'informai le roi de mon besoin d'argent, et il me fit généreusement remettre un canard et 4,000 cauris (un peu plus d'une piastre). L'eunuque, son premier ministre, me demanda le seul pistolet qui me restat, deux piastres et un bonnet écarlate, que je fus obligé de lui donner. Ses prétentions se portaient également sur mon âne, dont il voulait faire un fétiche; mais j'eus le courage de le lui refuser. J'envoyai, le soir, retirer cet animal du pâturage où on l'avait placé; il y fut trouvé blessé de deux flèches empoisonnées, ce que je mis, avec raison, sur le compte de l'eunuque désappointé. Les fâcheux effets du poison ne tardèrent pas à se manifester; la pauvre bête maigrit à vue d'œil, et ne fut bientôt plus qu'un squelette. Son agonie durait depuis six jours; pour l'abréger, je donnai l'ordre à Pascoe et à Djowdie de l'emmener à quelque distance, et de le tuer. Lorsque le roi entendit parler de cette dernière circonstance, il ordonna de couper l'âne par quartiers, et de les transporter à sa demeure; il fit apprêter la viande, puis, ayant rassemblé ses femmes et ses chefs, ils s'en régalèrent avec un plaisir particulier. Toutefois le roi, voulant payer un repas si délicieux, me

fit remettre une chèvre et 1,000 cauris pour m'indemniser de la perte de l'âne.

Les habitants de Yourriba ne sont point délicats sur le choix des mets ; grenouilles, singes, chiens, chats, rats, souris, etc., plaisent également à leur palais. Un chien bien gras y est plus estimé qu'une chèvre. Les sauterelles et les fourmis noires sont destinées aux tables des riches, ainsi que les chenilles, qu'on mange apprêtées avec les ignames et le touah. Je ne pus jamais vaincre le dégoût que j'éprouvais à leur vue ; mais Pascoe les aimait de passion, et les appelait des crevettes de terre.

Lorsque le roi de Katunga meurt, son fils aîné, sa première femme et les principaux personnages de son royaume se rendent à son tombeau, y boivent un poison liquide et sont ensuite ensevelis avec lui. Jamais aucun fils d'un roi ne parvient au trône ; à la mort de ce dernier, on choisit parmi les hommes les plus sages du pays, et c'est généralement un vieillard qui occupe ce poste éminent.

Nous restâmes jusqu'au 21 octobre à Katunga. Le roi me donna 4,000 cauris et une petite quantité de trona, pour le vendre en route ; il donna l'ordre à ses principaux messagers de nous accompagner et de nous faire fournir les objets nécessaires, sur la route, suivant les moyens des différents chefs que nous devions visiter.

Le 22 octobre. Nous partîmes de Katunga, et, le 9 novembre suivant, nous parvînmes à Engwa. Il ne nous arriva rien de remarquable pendant cette marche rapide.

La balustrade qui entourait le tombeau du capitaine Pearce, ainsi que le morceau de bois sur lequel j'avais gravé moi-même le nom, l'âge et les qualités du défunt, avaient été ou entraînés par les pluies ou enlevés par les naturels; il ne restait d'autre indice, pour reconnaître le lieu où le capitaine était inhumé, que dans l'aspect même du sol, sur lequel on n'apercevait aucune trace de végétation. J'allai voir le chef, et, après lui avoir fait présent d'un yard de toile bleue et d'une paire de ciseaux, je le priai de faire construire une case sur la tombe du capitaine. Je m'engageai à lui envoyer d'Angleterre un présent, comme récompense de ce bon office; de son côté, il me promit d'exécuter mes intentions aussitôt que les pluies auraient cessé.

12 Novembre. J'arrivai à Djannah dans l'après-midi, et trouvai le tombeau du docteur Morrison fort bien conservé. Le roi avait eu soin de veiller à son entretien; il devait être récompensé par M. Houtson, qui, lui-même, mourut bientôt après à Accra. Ici, je perdis les chevaux qui m'avaient été donnés par les rois d'Ouaoua et de Khiama.

Nous restâmes deux jours à Djannah, et n'arrivâmes à Badagry que le 21. Tous les naturels, depuis Kano, s'étaient parfaitement conduits envers nous; mais toutes les contrées parcourues étant très-marécageuses, et beaucoup d'entre elles toutes couvertes d'eau, le voyage avait été désagréable, long et pénible.

Le roi parut très-content de me revoir; il me donna sa propre maison, construite en bambous, et alla occuper, malgré moi, une petite hutte de terre. Comme tous les chefs que nous avions visités, il se montra douloureusement affecté en apprenant la mort de mon maître. Je lui fis cadeau du petit cheval que j'avais emmené de Sackatou et de tous les objets destinés en présents, qui me restaient; savoir : deux yards de damas bleu clair et autant d'écarlate, quelques yards de soie écarlate et bleue, et une douzaine de paires de bas.

Le 28, j'allai voir le capitaine Morrison, commandant un négrier portugais, et j'en obtins divers objets pour la valeur de 94 piastres ; plus, un baril de poudre de chasse, que je payai un doublon.

Trois marchands d'esclaves portugais résidaient à Badagry ; ils se rendirent un jour près du roi et de ses chefs, et leur firent entendre que j'étais un espion envoyé par le gouvernement anglais, et que, s'ils me laissaient partir, on me verrait bientôt revenir avec une armée pour faire la conquête du pays. Ces gens crédules ajoutèrent foi à ces grossiers mensonges, et me traitèrent en conséquence avec froideur. A la fin, tous les chefs se rassemblèrent et résolurent de m'éprouver, en me faisant boire un fétiche. On m'envoya chercher, et je fus obligé de traverser une réunion de cinq à six cents habitans, qui s'étaient rassemblés à ce sujet ; beaucoup d'entre eux étaient armés de haches, d'arcs, de flèches et de lances, etc. En entrant dans la hutte du fétiche, un des nègres me présenta brusquement un vase contenant un liquide limpide comme de l'eau, et m'ordonna de le boire, en disant : *Si tu es venu dans de mauvais desseins, cette liqueur te tuera ; sinon elle ne te fera aucun mal.* Comme il n'y avait pas à balancer, je pris immédiatement mon parti, et j'avalai le breuvage sans hésiter ; puis, courant promptement vers ma case, à travers les hommes armés, je pris une forte dose d'émétique et une grande quantité d'eau chaude, ce qui dégagea complètement mon estomac ; je n'en éprouvai aucune suite fâcheuse. Cette boisson avait un goût désagréable et amer, et l'on m'assura qu'on échappait rarement à ses pernicieux effets. Au bout de cinq jours, le roi et ses chefs, voyant que le fétiche m'avait épargné, devinrent très-affables et m'envoyèrent journellement des provisions ; ils répétaient souvent que j'étais protégé de Dieu, et qu'il n'était pas au pouvoir de l'homme de me nuire.

Je restai deux mois entiers à Badagry, ne sortant jamais qu'armé, d'après les conseils du roi. Les Portugais ne cachaient nullement la haine invétérée qu'ils me portaient, et nul doute qu'ils n'attendissent que la première occasion favorable pour m'assassiner. Un assez grand nombre de personnes allaient souvent en bateau de Badagry au Cap-Corse, et, bien que j'offrisse une forte récompense, aucune d'elles ne voulut se charger de mes lettres pour cette dernière place, tant était grande et active la surveillance que les Portugais exerçaient autour de moi pour me priver de tous moyens de communication avec mes compatriotes.

Il y avait, à cette époque, cinq factoreries à Badagry, contenant plus de mille esclaves des deux sexes, enchaînés par le col et attendant des navires pour partir.

Enfin, le capitaine Morris, commandant le brig *Maria*, de Londres, ayant été instruit de ma position à Badagry, vint me chercher de Juidah; je m'embarquai à son bord le 20 janvier, et arrivai le 31 au Cap-Corse, où je donnai la liberté à mes fidèles esclaves, Aboudah, Djowdie et la femme de Pascoe; ils me témoignèrent tous, à la manière africaine, le vif chagrin que leur causait mon départ, en répandant du sable sur leurs têtes. Le colonel Lumley promit généreusement de leur donner quelques pièces de terre et un peu d'argent, et je ne doute nullement qu'ils ne réussissent et ne fassent bien leurs affaires. Je m'embarquai à bord de la corvette l'*Esk*, le 3 février, et j'arrivai en Angleterre le 30 avril suivant.

SUPPLÉMENT.

Liste de papiers arabes du capitaine Clapperton, traduits de l'arabe en anglais, par M. A. V. Salamé.

1° Description géographique du cours du Kouarra, de la route de Sackatou à Maséna ou Maséra, de Timboctou à Sackatou, des contrées voisines, de leurs habitants, de leurs productions, etc.; comme cela est représenté dans la carte ci-jointe.

2° Relation d'une expédition de découvertes, faite, il y a quelques années, par quarante chrétiens, qui avaient construit un navire ou grand bateau dans l'intérieur de l'Afrique, et qui descendirent le Kouarra.

3° Notice géographique des pays, rivières, lacs, etc., depuis le Bornou jusqu'en Égypte; de la Nubie, du Sennar, du Nil, de ses sources, etc.

4° Notice traditionnelle du pays de Mali et de ses habitants, etc.

5° Notice traditionnelle sur l'origine de la tribu des Felan, que, jusqu'à présent, nous avons eu l'habitude d'appeler Fellatah.

6° Notice traditionnelle sur le pays de Bargho et sur ses habitants.

7° Itinéraire de Sera jusqu'en Nubie, Sennar et l'Égypte.

8° Notice traditionnelle du Nifé et de ses habitants, etc.

9° Notice traditionnelle sur le Noufy et ses habitants, etc.

I.

Ce qui suit est la traduction d'un texte arabe écrit sur la carte originale, ainsi que Clapperton l'appelle, et dont on voit ici une copie réduite. L'auteur a voulu représenter le cours du Kouarra, la route de Sackatou à Maséna, et de Sackatou à Timboctou; et donner les noms ainsi que la description géographique des villes et des contrées limitrophes.

A. Représentation de le ville de Sackatou, capitale des états du prince des croyants (le sultan Bello).

B. Ile et ville d'Oudel ou Goudel, avec le bras de la rivière qui les entoure.

C. Ville de Boury, à deux journées de route de Bagrá-Fougal.

D. Ville de Bagrá-Fougal, à une journée de route de Ghagró.

E. Ville de Ghagró, à trois journées de route de Toundèbi.

F. Ville de Toundèbi, à une journée de route de Charif.

G. Ville de Charif, à trois journées de route de Kasbi ou Kasb.

H. Ville de Kasb, à deux journées de route de Sigho ou Chigho.

I. Ville de Sigho ou Chigho, à une journée de route de Kabará.

J. Ville de Kabará, à une demi-journée de route de Timboctou.

K. Ville de Timboctou, à dix journées de route de Djéri.

L. Représentation de la ville de Timboctou.

M. Ile et ville de Djéri, avec le bras de la rivière qui les entoure. Cette île est au milieu du territoire de Maséna ou Maséra, et entre elle et Ségo il y a sept journées de route:

N. Ce bras de la rivière est nommé, dans

la langue des Felan, *Balio*, en arabe la *mer* ou *rivière* noire; il s'étend de Djéri au Fouta Djaló.

O. Ce bras est nommé par les Felan, *Raniou*, par les Arabes, la *mer* ou *rivière blanche*; il s'étend de Maséna à Ségo, au Fouta Torou et à Darboz (peut-être San-Salvador), une des villes des chrétiens français.

P. Route de Sackatou à Maséna, actuellement fréquentée, elle traverse la rivière et l'île d'Oudel; avec les noms et la description des villes et des pays par où elle passe, entre la rivière et Maséna.

« Le pays de Biténcoubi est situé sur la rive occidentale de la rivière; ses habitants sont de la tribu des Felan; il y a beaucoup de montagnes, de rochers, de plaines, d'éléphants et de buffles; et le long des bords de la rivière un grand nombre de coteaux blancs. Quelques habitants boivent l'eau de la rivière, d'autres ont des puits peu profonds.

« A une journée de route de ce pays, à travers une contrée habitée, on trouve le territoire de Maázo-Maoudie, dont les habitants sont de la tribu des Touroudi. C'est un pays bas, montagneux, abondant en arbres épineux et en puits. Son prince est un homme de grande taille, extrêmement fort, et renommé par son courage et ses guerres. »

Q. Pays d'Yaghrá, entre lequel et le Maázo-Maoudie il y a à peu près trois journées de route, à travers des plaines désertes et pierreuses, avec un petit nombre d'arbres et quelques montagnes. Toutefois au milieu des plaines, il y a une rivière bien connue qu'on nomme *le Sirba*. L'Yaghrá est possédé maintenant par un prince felan, nommé Ibrahim Bounti : il renferme des forêts, de petites montagnes, et une rivière bien connue, profonde, nommée l'*Yali*, d'où les habitants tirent leur eau.

R. Pays de Lebtakó, entre lequel et l'Yaghrá il y a deux journées de chemin, à travers des plaines boisées et un terrain bas. Ses habitants sont des Felan, son prince se nomme Saláh ; c'est un peuple nombreux et belliqueux, possédant de beaux chevaux, vites à la course, et beaucoup de bétail. Il se nourrit principalement de l'espèce de grain nommé *dokhun* (millet). Le pays est montueux et sablonneux ; il y a un grand lac nommé *Dúry*.

S. Pays de Djelghoudji, entre lequel et le

Lebtako il y a deux journées de chemin, dont une à travers des villages, l'autre à travers des plaines désertes, au milieu desquelles il y a un grand lac nommé *Boukma*. Le roi de ce pays s'appelle Hamarkoli. Les habitants sont Felan, et bien connus comme de grands guerriers. Ils ont beaucoup de chevaux prompts à la course, de bœufs et d'autres bestiaux. Le pays est montagneux, boisé, et a un lac bien connu et nommé *Djebou*, indépendamment d'un grand nombre de puits.

T. Territoire de Hadjri, à une journée de route de Djelghoudji. Il est vaste, mais très-rocailleux, pierreux et montagneux; il a beaucoup de collines sablonneuses et peu de vallées; l'eau y est très-rare, il n'y a que peu de puits, et cela est au point que dans la saison des pluies, les habitants sont obligés de remplir des troncs d'arbres d'eau pour la conserver. Les habitants des vallées sont des Felan, qui, dans l'origine, conquirent ces pays; mais ceux des montagnes sont les Benou Hami (enfants de Ham), de la tribu de Sokai. Ce sont de grands guerriers; ils font leur nourriture de dokhun, et ont beaucoup de chevaux prompts à la course et de bœufs. Au milieu de ce pays, il y a une montagne très-grande et très-haute : on n'en connaît pas, dans ces contrées, qui lui soit égale, en voici la représentation (*voyez la carte*); il y a sur son sommet une ville nommée *Ounbori*, dont le roi, qui s'appelle Nouhou-Ghalou-Farma, de la tribu de Sakai, est renommé pour sa générosité et sa munificence.

Tous ces pays, excepté Ounbori, sont sujets à notre seigneur Mohamed Bello, prince des croyants; puisse Dieu le rendre toujours victorieux pour la gloire des fidèles et l'extermination des infidèles.

U. Territoire de Maséna, à sept journées de route de Hadjri : il est très-vaste, fertile et abondant en rivières et en lacs. Ses villages joignent les vieux et les nouveaux des Felan. Ses habitants sont de puissants guerriers, possédant depuis les anciens temps beaucoup de bœufs, de moutons, et jouissant de tout ce qui est bon pour la vie et ses commodités : la plupart se nourrissent de riz, de beurre, de poisson et de viande. Dans le milieu du pays il y a deux hautes montagnes nommées *Soroba* et *Goran*; pendant les quatre saisons de l'année, ses bestiaux mangent de l'herbe ; comme les terres sont presque continuellement couvertes d'eau, les bergers et les pasteurs ramassent l'herbe, la réunissent en grands tas, et, pendant que les bestiaux pâturent, vivent sur le sommet de ces monceaux, jusqu'à ce que les eaux soient retirées. Cela peut paraître merveilleux; c'est néanmoins ce qui arrive chez ce peuple.

N°s 1, 2, 3, 4. Ce sont quatre rivières (peut-être des canaux) appartenant au Maséna.

Le sultan actuel du Maséna est Ahmed Hamed Labo, qui règne sur Timboctou, Djèri et Ounbori. Il peut réellement être nommé le souverain du Gharb (ouest) du Soudan. Il est actuellement en guerre avec Sego.

De Sackatou au Bendji, il y a une journée de route par Sisilbi, qui est la capitale du Ghalodji. Ce pays est uni et fertile; il y a des rivières, des forêts, des jardins et des puits. A l'orient, il y a deux montagnes rocailleuses et raboteuses; à droite, il y a une rivière, à gauche des plaines et des déserts stériles. Néanmoins il y a, dans les environs de la capitale du Bendji, plusieurs villages ou villes qui appartiennent aux musulmans. Entre le territoire de Bendji et celui de Maouri, il y a trois jours et trois nuits de route, à travers des déserts stériles et sablonneux. Le Maouri renferme de petites montagnes, des forêts, et a deux routes à gauche : sur l'une d'elles, il y a une rivière profonde; sur l'autre, deux lacs entourés d'arbres à fleur et à fruits. Ce pays appartenait, dans l'origine, au sultan de Kébi; ses habitants sont infidèles. Le sultan actuel se nomme Ghagara; il réside dans une ville, appelée Lekou-You, qui a dans son voisinage un grand lac. Les principales villes de ce pays sont Dogordousi, Myzani, Tounseubi et Tabada. Il y en a plusieurs plus petites qui, pour la brièveté, ne doivent pas être mentionnées. Les terres sont généralement pierreuses, sablonneuses et montueuses. Il y a beaucoup de puits profonds, bien fournis d'eau; mais le pays n'a que peu d'arbres, quoiqu'il abonde en reptiles.

Après cette contrée, à deux journées de route à travers des déserts arides, avec seulement un bout de chemin à travers des bois et des collines, on trouve le pays d'Émanou : sa première ville est Bakendousi, qui est de grandeur médiocre; à l'orient, elle a un lac entouré d'arbres, et à l'occident, un arbre très-haut, très-grand et bien connu. Entre cette ville et la capitale du sultan, dont le nom est Aghmarak, il y a une demi-journée de route. L'Émanou fait partie des pays des Touarik et renferme des lacs, des puits, des montagnes, des collines et des sables. Ses habitants se nourrissent de dokhun et possèdent une grande quantité de bétail.

Après cette contrée, à une journée de route, il y a le territoire de Taghzar, qui appartient aussi aux Touarik et renferme des collines, des puits et des lacs de natron, que l'on nomme, dans notre langue, *kawa* (sel). A l'orient et à l'occident de ce pays, il y a des montagnes bien garnies de bétail. Les habitants sont les plus méchants et les plus malveillants des tribus des Touarik; leur principale nourriture consiste en pois et en dokhun. Leur sultan se nomme Hama-Rawado et aussi Hama-Zanzama, ce qui, dans notre langue, signifie chien.

A la droite de ce pays, on trouve le territoire de Djerma; c'est une vallée étroite, entre de hautes collines et des monticules de sable; à l'orient, il a une montagne élevée :

il renferme des lacs de natron et d'autres qui sont profonds. Il est habité par la tribu des Benou-Hami, qui sont de grands guerriers possédant des chevaux prompts à la course et bien dressés; leurs lances sont extrêmement longues, et munies de fers très-tranchants. C'est un peuple malveillant; ils n'ont point de sultan légitime : leur chef est choisi dans la tribu. Ils se nourrissent principalement de dokhun. Leur pays est limitrophe du grand lac ou fleuve Kouarra.

A gauche du pays qui vient d'être mentionné (Taghzar), se trouve celui d'Azwa, qui est habité par les Touarik et les Benou-Hami. Ils possèdent une quantité de bétail, et vivent principalement de dokhun.

Entre le Taghzar et le Kouarra, il y a trois journées de route à travers un désert aride, sans aucune créature humaine qui l'habite : il n'y a que des bêtes sauvages; il y a une rivière longue et profonde qui coule à travers des collines sablonneuses. C'est de cette rivière que les habitants du Taghzar s'approvisionnent d'eau, quand ils vont à la chasse des giraffes, en hiver. La distance entre leur ville et cette rivière est d'une demi-journée de chemin, à travers des plaines boisées, quelques petites montagnes et des collines sablonneuses. Cependant, sur la route, il y a un petit lac entouré d'arbrisseaux et d'arbres, et dans lequel on ne trouve de l'eau qu'en automne.

Près de la rivière, il y a de nombreuses collines blanches, sans aucun arbre sur leur surface; mais sur les bords de l'eau, on voit beaucoup de tamariniers très-grands à l'ombre desquels les voyageurs se reposent.

W. Maintenant arrive le grand fleuve Kouarra : voici sa représentation. Cette grande rivière est la plus considérable de tous les territoires du Haoussa : nous ne connaissons pas sa source, ni personne qui l'ait vue. Elle s'avance et se précipite à travers le pays, de gauche à droite, et contient beaucoup d'îles habitées par des pêcheurs, des bergers, des laboureurs et des colons. Quant à la diversité de ses animaux, de ses oiseaux et de ses poissons, elle n'est connue que de Dieu qui les a créés; le Kouarra a des rochers et des montagnes qui brisent et mettent en pièces tous les navires qui sont poussés contre leurs masses : son grand fracas et son mugissement, joints à l'agitation de ses vagues, étonnent le voyageur qui les entend, effraient le spectateur, et en même temps montrent le pouvoir prodigieux du Créateur tout puissant.

X. Affluent non décrit du fleuve.

La copie de cet écrit a été terminée le jeudi après midi, le cinquième jour de Radjab de l'an 1242 de l'hégire (31 mai 1827 de J.-C.) dans la ville de Sackatou, résidence du sultan Mohamed Bello, prince des croyants; par son commandement exprès à moi Mohamed, fils d'Ahmed Masané (c'est-à-dire natif de Maséna), pour Abdallah, le chrétien anglais.

II.

Récit de l'expédition de quarante chrétiens, etc.

Ces années passées une troupe de chrétiens vinrent du côté de Darwadar (1), ville appartenant aux chrétiens, suivirent la rivière jusqu'au Fouta-Touro, et de là ils allèrent à Ségo. Ils étaient quarante hommes : à leur arrivée, le sultan de Ségo les reçut très-bien, leur fit des présents, et les logea dans une de

---

(1) C'est peut-être Salvador.

ses villes, nommées Sansani (1). Ils l'informèrent alors qu'ils avaient envie de construire un navire; il leur en accorda la permission. Durant leur séjour dans cet endroit, et pendant qu'ils construisaient le navire, la plupart d'entre eux moururent; et quand le vaisseau fut fini, il n'en restait plus que cinq en vie. Ces cinq hommes s'embarquèrent sur le navire, et s'avancèrent vers l'est jusqu'à Djeri, où ils demeurèrent aussi long-temps qu'il plut à Dieu. Ensuite ils allèrent à Maséna, en descendant la rivière jusqu'à leur arrivée à une de nos villes, nommée Sibi (2), entre Djeri et Timboctou, afin de pouvoir traverser le chemin de la rivière (3). Ils séjournèrent là avec le prince, qui était un des fils du sultan de Timboctou, et dont le nom était Babal-Kydiali. Il exerça

---

(1) C'est le Sansanding de Mungo Park.

(2) Il est nécessaire d'observer ici que l'écrivain, qui est un secrétaire du sultan Bello, et qui écrivit ceci par son ordre, d'après les documents du pays, est natif du Maséna.

(3) Cela veut-il dire la direction, le courant, ou sa largeur entre deux points de la terre? c'est ce que je ne puis décider.

l'hospitalité envers eux, et leur permit d'aller à Timboctou. Ils continuèrent leur voyage et arrivèrent, au nombre de cinq qu'ils étaient, sains et saufs à la ville de Timboctou, où ils restèrent aussi long-temps qu'il plut à Dieu. De là ils allèrent vers le pays de Sóghy, et parvinrent à une de ses villes, nommée Gharwal-Gaou. Là, les Touarik les attaquèrent et les combattirent rudement, si bien qu'il y en eut trois de tués; deux seulement échappèrent avec le navire.

Ils continuèrent leur route vers l'est jusqu'à Boussa; mais les habitants de cette ville les combattirent et les tuèrent; leur navire y est jusqu'à ce moment. Ceci est la substance et la vérité de l'événement.

OBSERVATION. D'après la triste issue de cette entreprise et le lieu où le navire se trouve maintenant, il ne peut y avoir de doute que ce récit ne concerne Mungo Park et sa troupe, et que ce ne soit un des plus authentiques et des plus détaillés qu'il soit possible d'avoir. Quant au nombre de quarante chrétiens, il s'explique aisément quand on sait que ces peuples appellent chrétien quiconque est au service d'un Européen. Ainsi il n'est pas improbable que tous les hommes employés par Mungo Park ne fussent regardés comme chrétiens, ce qui formait le nombre de quarante.

III.

Notice géographique des pays, rivières, lacs, etc., depuis le Bornou jusqu'en Égypte.

Le territoire de Bornou est très-vaste et renferme des montagnes, des sables et des lacs; il a aussi deux villes bien connues; le nom de l'une est *Sira*, celui de l'autre *Kataghoum*, dont le prince se nomme Dankawa. On ajoute quelquefois au nom de Bornou celui de Ghoudri.

A vingt journées de route du Bornou, on trouve le territoire d'Adamawa, qui est montagneux et renferme des vallées, des collines et des rivières. Les deux tiers des habitants sont des infidèles, et un tiers se compose de Felan musulmans. La capitale où demeure leur sultan se nomme Ghòrin. Ils ont beaucoup de chevaux, de bœufs, et vivent de dourrah (blé d'Inde). On ajoute souvent au nom d'Adamawa le nom de Foubina.

Après l'Adamawa, à deux journées de distance à travers un désert montagneux où il y a beaucoup de rivières, on trouve le pays de Lúghwi (1) : il renferme un grand nombre de rivières, de lacs, de forêts et d'arbres. Ses habitants sont des Soudan (nègres) musulmans; mais le désert qui le sépare de l'Adamawa est infesté d'infidèles qui sont des voleurs, vont à cheval sans selle, combattent en désespérés, interrompent souvent le commerce sur la route, et tuent tous ceux qui tombent dans leurs mains.

Du Lúghwi au territoire de Baghármy, qui en est limitrophe, il y a deux journées de route à travers un grand et vaste lac d'eau douce, nommé *Asour* ou *Achou* (2). Ce pays est montueux, sablonneux et a de petites montagnes : sa largeur est de dix journées de route, et sa longueur beaucoup plus considérable. Ses habitants sont des Soudan, des Kahlans et des

---

(1) C'est le *Logoun* de Denham; Clapperton a écrit *Logan*.

(2) Ce doit être un autre nom pour le grand lac de Chad ou Tchad, A. S. Peut-être c'est plutôt l'*Asu*, rivière dont Lander fait mention.

(Note de l'éditeur anglais.)

Arabes : ce sont des voleurs et un peuple perfide. Leur sultan, qui se nomme Borkoumada, est aussi cruel qu'eux : il tue même des cheikhs et des musulmans. Ils possèdent une grande quantité de chevaux et de bœufs; ils boivent l'eau des puits, et se nourrissent de dokhun.

Après le Baghármy, on trouve le pays de Rougá, qui est pierreux, arrosé par beaucoup de rivières, et habité par des infidèles.

Après trois journées de route à travers des lieux habités par des Arabes, on trouve le territoire d'Ouadai, qui est très-vaste, montueux, sablonneux, montagneux, et renferme des vallées, des lacs et des puits profonds. Son sultan se nomme Yousuf, et sa capitale, située au bas de hautes montagnes, Houwara (1). Ses habitants sont un mélange d'Arabes et de Persans; ils sont renommés pour leur courage à la guerre, la vitesse de leurs chevaux, et le grand nombre de leurs chameaux, de leurs bœufs et de leurs moutons. Ils ont beaucoup

---

(1) Le prince héréditaire de l'Ouadai, si l'on peut lui donner ce nom, était l'année dernière en Égypte. Suivant son récit, son pays est situé au pied des montagnes de la Lune.

de marchés ou villes ; ils se nourrissent de dokhun et de dourrah.

Après l'Ouadai, on rencontre le pays de Four (Dar Four) à deux journées de distance, à travers des montagnes et des déserts boisés, au milieu desquels il y a une vallée où croissent des palmiers-dom. Le territoire du Four est très-vaste, montueux, sablonneux et aride à un tel point, que, malgré la grande quantité de puits qui s'y trouvent, les habitants sont obligés de conserver leur eau dans des troncs d'arbres. C'est un mélange de Felan, d'Arabes et de Kahlans : ils possèdent un grand nombre de chevaux, vites à la course, de chameaux, de bœufs et de moutons ; ils ont toutes sortes d'armes pour la guerre, telles que boucliers, lances, cuirasses, et autres (1); ce sont de grands guerriers. Leur sultan se nomme Mohamed Fadlú : c'est un beau nègre, aimable et renommé pour sa munificence et sa gé-

---

(1) Lorsque le pacha actuel d'Égypte envoya son armée dans ces pays, il y a peu d'années, quelques-unes de ces armures ainsi que des casques furent apportés au Caire : on fut frappé de leur ressemblance, sous tous les rapports, avec celles des Romains et des Grecs.

nérosité. Sa capitale, dont le nom est *Nantalti*, est traversée par une rivière pendant la saison pluvieuse; mais en hiver, les habitants sont réduits à creuser des puits dans le lit de cette rivière, pour se procurer de l'eau. Ils se nourrissent de dokhun et de dourrah, et ont quelques jardins de dattiers.

A dix journées de route du Four, à travers un désert montagneux, montueux, sablonneux et aride, on trouve le Kordofal, pays dont l'étendue en longueur est de sept journées; il est habité par des Arabes et des Kahlans; toutefois il est maintenant possédé par les Turcs (1). Il est très-fertile, et a de petites montagnes, des collines et des sables; il a aussi de beaux chevaux et une grande quantité de bétail et d'ânes. La résidence du sultan se nomme *Loubi*; le peuple se nourrit de dokhun.

Après le Kordofal vient le Sonnar, pays très-vaste et fertile; ses habitants, qui sont des Arabes, jouissent de toutes sortes de bienfaits de la nature, puisqu'ils peuvent cultiver

---

(1) Mohamed Aly, pacha actuel d'Égypte.

leurs terres pendant toutes les saisons. Cette fertilité de la terre est due à la situation du pays situé entre deux branches du Nil; on dit que l'une vient de l'est, et l'autre, que l'on nomme la rivière blanche, arrive de l'ouest. Ainsi, le Sonnar est une île entre ces deux rivières; toutefois, il est maintenant dans la possession des Turcs (1). C'est un pays où l'on vit à très-bon marché; ses habitants possèdent un grand nombre d'ânes et de bœufs, et se nourrissent de dokhun.

La rivière blanche est très-pleine d'eau durant la saison des pluies, qui amène de la rivière bleue l'animal nommé *anghorotu* (2); mais en été, la rivière est si basse qu'on peut la passer à gué, l'eau ne s'élevant pas au-delà de la cuisse des hommes.

Entre le Sonnar et Sawaken, qui est sur la côte de la mer salée, il y a une distance de quarante jours de marche.

---

(1) Voyez la note précédente.

(2) Ce nom désigne-t-il le crocodile ou l'hippopotame? c'est ce que je ne puis dire.

IV, V, VI, VII, VIII et IX.

Notice traditionnelle de diverses nations d'Afrique.

4. Le territoire de Mali est très-étendu ; il renferme une mine d'or, et est habité par des Soudan, qu'on regarde comme issus des restes des Coptes. Parmi les habitants il y a aussi des Towrouds, des Felan, des Arabes, des juifs et des chrétiens. Ces derniers sont sujets de deux souverains chrétiens qui envoient leurs navires au port de cette contrée, et l'on dit qu'elle était autrefois possédée par un peuple nommé les Sarankali, qui, suivant ce qu'on présume, étaient des Persans.

Le royaume de Mali est une contrée ancienne et florissante, et contient deux autres provinces : l'une est le Banbara, qui renferme des rivières, des forêts, des sables et une mine d'or, et est occupé par les Soudan, qui sont encore infidèles et jouissent d'une grande puissance ; l'autre, à l'ouest de celui-ci, est le Fouta, qui est habité par les Towrouds et les Sarankali ou Persans. On dit que les Towrouds étaient originairement des juifs ; d'autres disent des chrétiens, qui vinrent du pays entre les deux fleuves le Nil (1) et l'Euphrate, et s'établirent près des juifs qui habitaient l'île; et que partout où ils opprimaient les juifs ou empiétaient sur eux, ces derniers avaient toujours recours à la protection des officiers des Sehabat, qui alors les gouvernaient : c'étaient les amis immédiats ou compagnons de Mahomet. Les juifs avaient coutume de leur dire : « Nous sommes venus demeurer sur ces îles pour attendre la venue d'un prophète, après lequel il n'y en aura plus d'autre; après la venue et la mort duquel un de ses parents nommé Abou Bekr lui succédera; le successeur d'Abou Bekr sera Amrou, dont les troupes viendront sur la surface de cette eau (ils entendaient par là le Termés), pour nous protéger contre vous, et nous mettre en état de conquérir votre pays (2). »

---

(1) Ceci est une méprise, il devrait y avoir le Tigre.

(2) L'inventeur de cette histoire voulait sans doute qu'elle fût regardée comme une prophétie de la venue de Mahomet, et qu'elle fît voir que même les chrétiens l'avaient prédite; car tous ces discours qu'il met dans la

Voilà ce que nous avons trouvé écrit dans nos livres (1).

5. On dit que l'origine de la tribu des Felan est établie ainsi : lorsque l'armée des Sehabat, sous le règne d'Omar, Ben el Khattab, pénétra dans le Gharb, elle arriva d'abord au Termés; les Towrouds les ayant vus, se rangèrent immédiatement sous leur protection et devinrent musulmans, avant les juifs qui les attendaient (2); en conséquence de quoi, ils furent en état de combattre et de subjuguer les juifs et les Sarankali (Persans). Lorsque les Sehabat ordonnèrent à leurs troupes de se retirer du Gharb, le prince des Towrouds leur dit : « Vous êtes venus à nous avec une religion

---

bouche des chrétiens sont le résultat de la carrière de Mahomet, telle que les historiens musulmans l'ont écrite.

(1) Cette notice, à l'exception de la dernière partie et d'un petit nombre de variations peu importantes, nous a déja été donnée dans la Description géographique du sultan Bello. (Voyez le *Supplément du voyage de Denham et Clapperton*, tome III, page 194 de la traduction française.)

(2) Voyez la notice 4.

« que nous ne connaissions pas, et actuelle-
« ment vous vous en allez, sans nous laisser
« personne pour nous l'enseigner et nous ins-
« truire de ses lois. » Les Sehabat entendant
cette requête, laissèrent derrière eux, pour
instruire les Towrouds, Okat ben Emir. Celui-ci épousa une fille du prince, nommée
Gadjmáa, et eut d'elle quatre fils : Dytá, Na-
ser, Waya et Rerebi; il retourna ensuite en
Égypte, et laissa ses quatre fils avec leur mère.
Ceux-ci grandirent, et parlèrent une langue
différente de celle de leur père, qui était l'a-
rabe, ainsi que de celle de leur mère, qui était
l'ancien towroud, nommé le wakouri. Ils se
marièrent et eurent des fils et des filles, desquels descendent les Felans; de sorte que le
père des Felans était un Arabe, et leur mère
une Towroude.

« Nous avons trouvé cela rapporté dans nos
livres (1). »

---

(1) L'Égypte fut conquise par les musulmans la ving-
tième année de l'hégire, ou la dixième après la mort de
Mahomet, sous le khalifat d'Omar-ben-el-Kattab. Un officier intrépide, nommé Amrou-ben-el-Aàss, qui, par une
circonstance très-singulière, avait vu, quelques années

6. Le pays de Barghou est situé à la rive droite de la rivière; il est boisé et sablonneux, et habité par des tribus de Soudan, qui descendent, dit-on, des esclaves des Felans que ceux-ci laissèrent en arrière quand ils passèrent la rivière; et ainsi ces gens peuplèrent le pays. Ils sont insubordonnés et opiniâtres, et aussi très-puissants dans la magie; il est écrit que quand Hadji Mohamed Allah Kadja, prince équitable, régnait sur ces provinces, il ne put obtenir aucun avantage sur eux.

Après le Barghou, on trouve la province de Ghourma : elle est vaste, montagneuse, boisée, sablonneuse, et a plusieurs rivières. Son sultan se nomme Boudjudju; ses habitants ressemblent beaucoup à ceux du Barghou, étant voleurs et dépravés.

---

auparavant, l'Égypte dans sa splendeur, lui donna l'idée de cette expédition. Omar envoya une armée composée au plus de quatre mille hommes pour subjuguer ce pays riche et puissant. Amrou réussit dans son entreprise, et poussa ses conquêtes jusqu'au Gharb. Mais le nom d'Okhat-ben-Emir ne paraît que comme celui d'un témoin des traités conclus entre le conquérant et les habitants d'Alexandrie, quoiqu'il fût considéré comme un officier de rang et remarquable par sa valeur.

Le pays de Mouchier ou Mouchi est situé à l'ouest du Ghourma. Il est vaste, et renferme une mine d'or, des rivières, des bois et des montagnes. Il est habité par des tribus de Soudan, qui possèdent beaucoup de chevaux prompts à la course et de très-grands ânes, et sont très-puissants dans la guerre. Leur sultan se nomme Ouagadougo; leurs ânes sont expédiés dans le Ghoundja, pour porter les tambours de l'armée.

Le territoire d'Asanti est situé à la droite du Mouchi : il est très-étendu.

7. *Itinéraire.*

De Sira au Bougho, il y a une distance de vingt journées; de là à Mouchkoum-Fouch, à Sary, à Sarwa, à Indam ou Indag, à Ouarcha, à Bouchra, à la montagne nommée Kaghoum, au mont Kiughà, au mont Douziyat, au mont Abou-Talfan, au mont Abou-Zarafat; puis à Rouga, à Dygo, à Kadja, à Katounu; ensuite à la montagne de Nubie, à la mine d'or nommée Taglis, qui n'a pas moins de quatre-vingt-dix-neuf montagnes, dont le nom de chacune commence par un F; mais trois seulement sont connues : ce sont Fazouglu, Fafakla et Foundouflu. En deux jours, on va de ce lieu au

Nil du Sonnar; mais du Tagly en Égypte ou au Caire, qui est au nord à la gauche de ce pays, il y a un voyage de quarante jours, et on suit continuellement les bords du Nil; tandis que du Tagly à Saouaken, qui est sur la côte de la mer (la mer Rouge), il n'y a qu'une distance de trente jours de route (1).

8. Les habitants du Nefé sont venus originairement du Kachenah, et leur prince, Thoudyar, est originaire d'Atagher. Il conquit d'abord le territoire de Béni, depuis les rives du Bakou jusqu'à celles du Kadeuna, ensuite les territoires de Bouduor-Boudi, et de Bassa ou Bousa. Il s'embarqua ensuite sur le Kouarra, et subjugua les Abagha, peuple qui habite sur ses rives ; après cela, il conquit le pays d'Abbi (dans lequel nous sommes maintenant) (2) et celui de Kanbari, conjointement

---

(1) Il paraît que cette notice est la dernière des sept qui furent écrites dans le livre de notes du capitaine Clapperton, par ordre du sultan Bello; elles sont datées du 5 de chaaban 1242 de l'hégire (à peu près le 3 mars 1827).

(2) Il paraît que l'écrivain de cette notice était avec le capitaine Clapperton, ou attaché à son service.

avec le prince d'Yaouri. La rivière de ces pays se nomme le Kantagoura. De l'Yaouri, il alla à la grande montagne ou aux montagnes où se trouvent le Néfé, le Béni et le Fatti-Attu ; il alla ensuite à la rivière Katha ou Kacha, et conquit les pays voisins qui sont Ghour-Noufu, Kougrá, Djemma, Dounfi, Tabou et Aza ou Azai. Ce prince eut pour successeur Itkchab, dont le successeur fut Ithkoutou ; et le nombre total des princes qui régnèrent sur ce royaume fut de treize. Le reste des contrées orientales jusqu'à Katana est possédé par un prince nommé Bakou.

A peu près à la droite de l'Atagher se trouve le pays de Nafry, sur les bords d'une rivière plus grande que le Kouarra.

Maintenant, les habitants du Béni sont extrêmement pauvres ; ils sont soumis à leurs princes, labourent et cultivent la terre des autres, et paient une taxe de capitation. Les moutons, les chèvres, les bœufs, les chevaux, sont rares dans leur pays ; quant aux ânes, il n'y en a que ceux qu'on fait venir des autres contrées ; mais il y a beaucoup d'éléphants.

La rivière dans le territoire du Kouarra est à l'ouest, et du côté de la main droite ; celle du Kaduna est au centre ; tandis que la rivière Bakou ou Gakou est à l'est.

9. On dit que les tribus qui habitent le Noufie sont originaires du Béni ; d'autres disent du Takra ; et quelques-uns assurent qu'elles viennent du milieu de la rivière, peut-être d'une île. Leur première ville fut Djemma ; mais ensuite elles habitèrent Kafath ou Kifath, Ayaki, Karkena et le Kouarra oriental, où elles arrivèrent par une rivière nommée Matny. Elles avaient aussi le Kasou ou Kachou Zir, l'occident de Mali ou Mouli, Abyou et Ouada.

Le Kouarra coule à travers des montagnes et beaucoup de forêts et de bois ; il a des montagnes au nord et à l'est. Cette grande rivière sort des montagnes de la Lune, et ce que l'on en sait, c'est qu'elle va du Souïkan dans le Kiya, le Kabi, l'Yaouri, le Boussa, l'Ouaoua et le Noufie ; mais là il y a une autre rivière qui sort du Zirma, passe dans le Ghouber, le Zeffra, le Kori ou Koura, et alors entre dans le Noufie : son nom est Kaduna. Le Kanbari est situé au nord du Kaduna, le Kori à l'est, le Kankan et le Kafath au sud, le Bassoa ou Bachoua à l'est. Vers son centre est le royaume de Noufie et celui d'Abyou.

Le Noufi fut autrefois sujet des Felans; mais Édris, prince des Felans, qui régnait, ayant commis de grands excès et même violé des vierges, les habitants se soulevèrent contre lui, l'épée à la main, et se délivrèrent : et ainsi ils sont maintenant en guerre avec les Felans. Parmi eux il y a des musulmans, mais la plupart sont des infidèles sans religion ni loi : ils sont ivrognes et oppresseurs; ils ne prient ni n'adorent aucun dieu. Ils marchent avec vous pendant une heure comme amis, puis l'instant d'après ils n'hésitent pas à vous tuer. Quand l'un d'eux vient à mourir, ils attachent les bras en travers du corps, le placent dans une position assise, dans le tombeau, et l'un d'eux se couche à côté, tandis qu'un autre s'assied à l'entrée. Ils ont une grande et vaste caverne, dans laquelle ils placent leurs morts; mais ceux qui gardent cette caverne, quoiqu'ils soient quelque chose de semblable à des prêtres, sont les personnes les plus dépravées. Quelquefois ils envoient des messagers aux parents du défunt, pour leur enjoindre d'apporter tout ce qu'ils ont de meilleur; et quand ces gens innocents arrivent à la caverne, ils sont aussitôt dépouillés de tout ce qu'ils ont apporté; si ce sont des femmes, leur chasteté est outragée.

Voilà la vie et les habitudes de ces païens infidèles; et par conséquent, les routes dans le Noufi sont très-dangereuses et très-périlleuses.

Lorsque leur roi meurt, ils entrent dans sa maison et y demeurent.

N. B. Il convient d'observer ici que les deux papiers numéros 8 et 9 sont écrits ou plutôt griffonnés sans orthographe et sans aucune attention aux règles de la grammaire; de sorte que leur composition n'offre qu'un jargon incohérent. Par conséquent la traduction que j'en ai donnée est presque toute faite par conjecture. Mais il n'y a pas de doute que Clapperton, qui avait fait quelque séjour parmi ces peuples, n'ait donné d'autres notices sur leur compte.

Nota. Toutes les notes précédentes sont de M. A. V. Salamé, sauf celle qui porte le nom de l'éditeur anglais. M. Salamé n'a pas omis de signer une seule de ses notes, même les plus insignifiantes; il ne peut donc pas y avoir du doute sur ce point; il était convenable de le dire.

M. Salamé écrit souvent les noms propres d'une manière différente de celle que Clapperton a suivie. On a conservé scrupuleusement l'une et l'autre. Il était utile de faire cette observation, car autrement on aurait pu croire que cette dissemblance provenait de la négligence des traducteurs. Ceux-ci ajouteront que Clapperton n'écrit pas toujours les mêmes noms de la même manière. Il paraît que le docte éditeur anglais n'a pas attaché une grande importance à cette disparité.

VOCABULAIRE

DE LA LANGUE YOUMBONI.

Poule............	*Adé'a.*
Chèvre..........	*Aour'ey.*
Mouton..........	*Agon'ta*
Cochon..........	*Èle'day.*
Sel.............	*I'yo.*
Grain (blé)......	*Agbad'dou.*
Millet...........	*Ok'kablebba.*
Herbe...........	*Co'co.*
Verroterie.......	*Le'key.*
Or..............	*Sic'ca.*
Corail..........	*In'yoh.*
Argent..........	*Patak kah.*
Toile............	*Atchio.*
Homme..........	*Oko'na.*
Femme..........	*Obin'a.*
Roi.............	*Ob'ba.*
Cheval..........	*Ep'pi.*
Selle............	*Gar'ri.*
Bride...........	*Dja'nou.*
Poivre..........	*Attah.*
Échalotes.......	*Allabaous'sa.*

Iguames	*Ich' ou.*
Bananes	*Ayid' dey.*
Feu	*Djun' ah.*
Eau	*Om' mi.*
Bois	*Ig' gie.*
Un pot	*Coc' co.*
Une calebasse	*E' bah.*
Canard	*Pap' ayeh.*
Soupe	*O' beh.*
Maison	*Ill' eh.*
Pot à boire	*Tank' ara.*
Assiette	*A' œo.*
Couteau	*O' beh.*
Tête	*Or' ri.*
Yeux	*Odj' ou.*
Nez	*Em' ou.*
Bouche	*En' ou.*
Dents	*Eh' i.*
Oreilles	*Eff' i.*
Menton	*Ebb' i.*
Cou	*Enaff' ou.*
Épaules	*Edgiouka.*
Bras	*Epk' wa.*
Coude	*Ebah' wa.*
Poignet	*Onaoua' oua.*
Main	*A' oua.*

Pouce.	*Atang'pako.*
Doigts.	*Ama'oua.*
Le corps.	*Agouid'demou'go.*
Ventre.	*Inn'oh.*
Cuisse.	*E'tah.*
Genou.	*Okk'ou.*
Jambe.	*Adjou'gou.*
Cheville.	*Coco'sey.*
Pied.	*Atalis'sey.*
Orteils.	*Amalis'sa.*
Bottes.	*Sa'labattou.*
Sandales.	*Battou.*
Éventail.	*Abab'bey.*
Vache.	*Mall'ou.*
Chien.	*Adj'ah.*
Petit chien.	*Aloghin'ne.*
Rat.	*Acou'fu.*
Panthère.	*Ek'ka.*
Hyène.	*Eco'co.*
Vautour.	*Awoud'i.*
Veste.	*Kouk'oumah.*
Pantalon.	*Chak'outou.*
Dindon.	*Fu'lutu'lou.*
Éléphant.	*Genaco.*
Hippopotame.	*En'emy.*
Coton.	*O'wou.*

Huile de palme.....	*Ep' eh.*
Coco.............	*Ay' ba.*
Ouragan..........	*Odj' uma' ri.*
Mulet............	*Barakka.*
Ane..............	*Ketté kette' h.*
Natte............	*Enn' i.*
Sac..............	*Ok' key.*
Fusil............	*E' bah.*
Coutelas.........	*Djom' ma.*
Soie.............	*Ce' dah.*
Damas...........	*Ala' ri.*
Drap écarlate....	*Doh' do.*
—— bleu........	*Iss' ado' doh.*
—— vert........	*Alar' ouya' gou.*
Arbre............	*E' ouadjass' kway.*
Soleil............	*O' nou.*
Lune............	*Adjou' pa.*
Étoile...........	*Era' wo.*
Dieu.............	*Ala' nou.*
Tonnerre.........	*Ar' ou.*
Éclair............	*Mannumannu.*
Pluie............	*Odigou.*
Vent.............	*Avou' vou.*
Bonnet..........	*Fill' ah.*
Chapeau.........	*Atté ebo.*
Cheveu..........	*Ollou.*

Barbe............	*Eg' bi.*
Peau.	*All'ah.*
Ongle.	*Eff' eh.*
Un..............	*Okka.*
Deux............	*Ma' dji.*
Trois............	*Mai-ta.*
Quatre.	*Mé-né.*
Cinq.	*Mall' ou.*
Six..............	*Maï' ffa maï' ffa.*
Sept.............	*Ma' gi.*
Huit.............	*Ma' djo.*
Neuf.	*Maï' ssu.*
Dix.	*May' ouah.*
Vingt............	*Ok' ko.*
Trente...........	*Agbaoung.*
Quarante.........	*Ogodji.*
Cinquante........	*Adett' a.*
Soixante.	*Ogotta.*
Soixante-dix.......	*Ado' ni.*
Quatre-vingts.....	*Ogoni.*
Quatre-vingt-dix....	*Ado' nou.*
Cent.............	*Ogo' nou.*
Deux cents........	*Egbe'o.*
Trois cents........	*Oa' dou.*
Quatre cents.	*In' i.*
Cinq cents.	*Edag' bett'a.*
Six cents..........	*Eg'bett'a.*

Sept cents	*Edag' be' ne*
Huit cents	*Eg' be' ne.*
Neuf cents	*Edegba' nou.*
Mille	*Eggba' nou.*
Deux mille	*Ebah.*
Trois mille	*Egba' dagou.*
Quatre mille	*Egbagie.*
Cinq mille	*Egbe dogmou.*
Six mille	*Egbaa' ta.*
Sept mille	*Edegbaa' ni.*
Huit mille	*Egbani.*
Neuf mille	*Edegbaa' nou.*
Dix mille	*Ebaa' nou.*

VOCABULAIRE FELLATAH.

Un	*Go.*
Deux	*Didie.*
Trois	*Tattie.*
Quatre	*Ni.*
Cinq	*Djowie.*
Six	*Djowego.*
Sept	*Djowaddie.*
Huit	*Djowatittie.*
Neuf	*Djowanie.*
Dix	*Sapo.*
Onze	*Sapoago.*

Douze	*Sapodidie.*
Treize	*Sapoatittie.*
Quatorze	*Sapoani.*
Quinze	*Sapoadji.*
Seize	*Sapoadjego.*
Dix-sept	*Sapoadjadiddé.*
Dix-huit	*Sapoadjatittie.*
Dix-neuf	*Sapoadjanie.*
Vingt	*Nogi.*
Vingt-un	*Nogiago.*
Vingt-deux	*Nogiadiddie.*
Vingt-trois	*Nogiatittie.*
Vingt-quatre	*Nogiani.*
Vingt-cinq	*Nogiadjowie.*
Vingt-six	*Nogiadjego.*
Vingt-sept	*Nogiadjadiddé.*
Vingt-huit	*Nogiadjatittié.*
Vingt-neuf	*Nogiadjanié.*
Trente	*Chapandatittie.*
Trente-un	*Chapendatittieago.*
Quarante	*Dabi.*
Cinquante	*Dabisapo.*
Soixante	*Tchapandidjago.*
Soixante-dix	*Tchapandadjadidie.*
Quatre-vingts	*Tchapandagatitti.*
Quatre-vingt-dix	*Tchapandadjani.*
Cent	*Hemri.*

Cent un............	*Hemrigo.*
Cent deux.........	*Hemrididdie.*
Cent trois.........	*Hemritittie.*
Cent quatre.......	*Hemrini.*
Cent cinq.........	*Hemridjoie.*
Deux cents........	*Kamididdie*
Trois cents........	*Kamitittie.*
Quatre cents.......	*Kamini.*
Cinq cents........	*Kamidjoie.*
Mille..............	*Koudjuna.*
Deux mille........	*Koudjunadiddie.*
Vingt mille........	*Koudjunaginogi.*
Qu'est-ce que c'est que cela?.......	*Konindadoum.*
Homme............	*Gorko.*
Hommes...........	*Ouorbaa.*
Femme............	*Debo.*
Femmes...........	*Reuba.*
Garçon............	*Bido.*
Garçons...........	*Bipba.*
Fille..............	*Surba.*
Filles.............	*Surbaba.*
Cheval............	*Putcha.*
Chevaux..........	*Putché.*
Vache, vaches.....	*Nagea.*

SUPPLÉMENT.
TABLEAU MÉTÉOROLOGIQUE.

DATE.	Heure.	Thermomètre de Fahrenheit.	Baromètre.	ÉTAT DE L'ATMOSPHÈRE.
				BADAGRY.
1825	6 h. m.	80°	29,813	calme ; brume.
2 décembre.	midi...	91	705	vent S.-O.
	3 h. s.	91 1/2	653	
	6 h. m.	78	912	nuageux et calme.
3.........	midi...	92	631	vent S. ; jolie brise.
	3 h. s..	91	515	
	6 h. m.	77	854	calme.
4.........	midi...	90	568	vent S. ; jolie brise.
	3 h. s.	90	532	modéré.
	6 h. m.	79	786	pluie fine par ondées.
5.........	midi...	89	623	vent S.-E. ; jolie brise.
	3 h. s..	83	578	nuageux ; temps épais.
	6 h. m.	76	829	pluie fine ; petite brise ; temps nuageux.
6.........	midi...	90	524	
				TCHIADO.
1826				
10 janvier....	3 h. s..	89	28,700	brumeux.
	6.....	85	700	petit vent S.-S.-O.
	6 h. m.	75	750	temps calme et clair.
	9.....	82	750	dito.
11.........	midi...	90	695	petit vent.
	3 h. s..	94	675	dito temps clair.
	5.....	90	675	
				KOUSOU.
14.........,	6 h. s..	89	800	calme.
	6 h. m.	75	.....	vent fort; E. 1/4 N.-E. Harmattan.
15.........	midi...	89		
	3 h. s..	90	709	
				ATÊPA.
	1 h. s..	91	696	
	2.....	91	.....	
20.........	3.....	93	646	N.-N.-E. fort Harmattan.
	4.....	92	.....	
	5.....	84	.....	
				KATUNGA.
	6 h. m.	83	610	N.-N.-O. ; temps clair.
25.........	midi...	89 1/2	580	vent fort, N.-E. ; beau temps.
	3 h. s.	90	549	E.
	6 h. m.	70	.....	temps clair ; frais ; petite brise.
	9.....	83	587	brise fraîche, N.-N.E.
26.........	midi...	89	524	petite brise.
	3 h. s.	90	519	— douce.
27.........	midi...	81	552	(tube rompu.)
	6 h. m.	74	560	gris et brumeux.
3 février....	9.....	82	516	
	midi...	88	606	
	6 h. m.	79	510	
	9.....	89	510	
4.........	midi...	89	458	
	3 h. s.	77	458	orage, tonnerre.
5.........	6 h. m.	77	510	nuageux ; vent fort.
	6.....	77	458	brise fraîche ; temps clair.
	9.....	89	558	
6.........	midi...	91	500	brises modérées.
	3 h. s..	91 1/2	488	calme ; temps clair.

II.

SUPPLÉMENT.

DATE.	Heure.	Thermomètre de Fahrenheit.	Baromètre.	ÉTAT DE L'ATMOSPHÈRE.
1826	6 h. m.	78°	500°	brise fraiche pendant la nuit.
7 février	9.....	88	555	vent modéré, N.-E.
	midi...	94	517	calme.
	3 h. s.	91	480	petits vents.
	6 h. m.	75	552	dito brume.
	9.....	84	611	dito nuages volants.
8.........	midi...	89	568	doux; E.-N.-E.
	3 h. s.	90	484	
	6 h. m.	72	497	brise fraiche; temps clair et frais, S.-O.
	9.....	87	521	O.-N.-O.
9.........	midi...	91	.....	petits vents.
	3 h. s.	89	449	calme.
	6 h. m.	76	524	modéré; clair.
	9.....	82	568	O.-N.-O.; nuages volants.
10.........	midi...	92	515	petits vents; E.-N.-E.
	3 h. s	88	475	
	6 h. m.	75	535	petites brises; clair.
	9.....	85	543	
11.........	midi...	90	472	
	3 h. s.	93	455	calme.
	6 h. m.	76	506	brises fraiches; N.-O.
	9.....	86	544	petits vents.
12.........	midi...	92	509	rafales; N.-E.
	3 h. s.	94	420	brises fraiches.
	6 h. m.	78	472	forte brise; nuageux.
	9.....	86	540	modéré, clair; N.-E.
13.........	midi...	97	475	petits vents; clair.
	3 h. s.	94	435	— nuageux.
	6 h. m.	80	505	forte brise; nuageux.
	9.....	84	550	brise modérée.
14.........	midi...	91	504	petits vents.
	3 h. s.	94 1/2	440	nuageux—minuit, brise fraiche et nuageux.
	6 h. m.	75	537	clair, modéré.
	9	84	591	
15.........	midi...	91	539	
	3 h. s.	91 1/2	420	
16.........	6 h. m.	80	590	harmattan de N.-E. tout le jour.
	3 h. s	91	537	dito fort, du N.-E.
	6 h. m.	74	612	
	9.....	83	696	
17.........	midi...	89	628	
	3 h. s.	89 3/4	568	
	6 h. m.	75	600	harmattan du N.-E.
	9.....	84	708	
18.........	midi...	89	635	
	3 h. s.	92	515	
	6 h. m.	70	500	
19.........	midi...	84	534	fort harmattan du N.-E. avec un brouillard épais.
	3 h. s.	88	426	
	6 h. m.	70	510	
	9.....	82	580	
20.........	midi...	88	530	continuation de l'harmattan.
	3 h. s.	88	475	
	6 h. m.	70	568	
21.........	midi...	80	602	dito.
	3 h. s.	89	572	
	6 h. m.	70	520	
	9.....	80	580	dito.
22.........	midi...	85	534	
	3 h. s.	86	460	

SUPPLÉMENT.

DATE.	HEURE.	THERMOMÈTRE de FAHRENHEIT.	BAROMÈTRE.	ÉTAT DE L'ATMOSPHÈRE.
1826				
23 février....	6 h. m.	70°	535	
	9.....	79	552	continuation de l'harmattan.
	midi...	84	520	
	3 h. s.	86	482	
24.........	6 h. m.	69	545	
	9.....	78	571	dito.
	midi...	88	500	
25.........	6 h. m.	72	442	
	9.....	80	571	dito.
	midi...	88	510	
	3 h. s.	89	430	

EN DIVERS LIEUX SUR LA ROUTE.

DATE.	HEURE.	THERM.	BAROM.	ÉTAT DE L'ATMOSPHÈRE.
14 mars.....	midi...	94	420	Kiama en Borgou ; brises fraîches ; clair, N.-E.
	3 h. s.	94	529	
	6.....	91		
15.........	6 h. m.	78	580	brises fraîches ; E.-N.-E.
	9.....	88	634	nuages légers volants.
	midi...	91	604	
	3 h. s.	94	510	
	6.....	91	548	calme ; nuageux.
16.........	6 h. m.	74	586	calme ; nuages légers.
	9.....	85	651	petites brises de l'E.-N.-E.
	midi...	91	610	dito légers nuages volants.
	3 h. s.	93	550	dito.
	6.....	91	540	dito.
17.........	6 h. m.	74	595	petits vents ; clair, N.-E.
	9.....	82	696	brises fraîchissantes ; brume légère, N.-E.
	midi...	89	625	modéré ; brumeux.
	3 h. s.	91	575	brumeux étouffant ; peu de vent.
7 avril....	8 h. m.	86	411	Village de Comié, dans la province d'Ouaoua, royaume de Borgou, à 50 pieds au-dessus de la rive gauche du Kouarra.
	9.....	89	377	brises fraîches de l'E. ; brouillard léger.
	10....	89 1/2	400	nuageux ; brises fraîches.
	midi...	93	375	dito.
	3 h. s.	90	.....	fortes brises ; temps sombre ; nuageux.
	5.....	89	300	brises modérées ; temps sombre, nuageux.
8	6 h. m.	79	29,320	temps gris, nuageux ; petit vent de S.-O.
	9.....	82	368	dito.
	midi...	90	375	dito.
	3 h. s.	99	320	clair ; airs légers du S.-O.
	6.....	93	280	calme et clair.
17.........	10h. m.	89	85	Tabra, en Nyffé : nuageux ; brises modérées ; S.-O.
	midi...	95	60	dito nuages légers volants.
	3 h. s.	98	45	brises modérées.
	5.....	91	28,992	calme ; nuages légers.
18.........	6 h. m.	74	967	Tabra : calme ; nuages légers.
	9.....	86	29,80	petites brises ; nuages volants ; S.-O.
	midi...	96	28,920	brises modérées, nuages légers.
	3 h. s.	97 1/2	866	petits vents S.-O.
	6.....	95	.....	petites brises ; clair ; S.-O.
19.........	6 h. m.	80	943	temps gris ; nuageux ; brises fraîches.
	9.....	88	29,011	brises fraîches ; S.-O.
	midi.			
	3 h. s.	97	28,953	modéré ; clair.
5 juillet....	4 h. s.	80	27,862	Ville de Gouari : petits vents ; nuageux ; tonnerre, éclairs ; tornado pendant la nuit.
6.........	6 h. m.	73	986	brises modérées ; temps sombre, nuageux ; S.-O.
	9.....	78	942	petits vents ; nuageux.
	midi...	85	985	dito légers nuages volants.
	3 h. s.	85	940	petites brises ; nuages orageux à l'E.
	6.....	84	952	petits vents ; nuageux, petites brises.

DATE.	HEURE.	THERMOMÈTRE de FAHRENHEIT.	BAROMÈTRE.	ÉTAT DE L'ATMOSPHÈRE.
1826				
7 juillet.....	6 h. m.	75°	28,011	temps gris et nuageux ; S.-O.
	9.....	77	067	un peu de pluie ; petits vents du S.
	midi..	85	124	modéré ; nuages épais.
	3 h. s.	.....	28,...	dito S.-O.
8.........	10 h. m.	79	27,917	Zariya , capitale du Zegzeg : temps gris et nuageux ; petits vents du sud.
	midi...	81	888	petits vents ; temps gris et nuageux.
12.........	3 h. s.	83	858	dito S.-O.
	6.....	81	785	nuageux.
	6 h. m.	75	28,820	nuageux; brise fraîche.
	9....	77	820	dito.
13.........	midi...	84	815	nuageux ; petits vents du S.
	3 h. s.	85	780	brises modérées ; nuageux; nuages d'orage au S.-(E.)
	6.....	80	785	calme.
	6 h. m.	75	805	brises fraîches et nuages dans l'E; : nuages bas.
	9.....	77	842	brises fraîches ; temps sombre , nuageux.
14.........	midi...	80	771	fortes brises et rafales ; temps épais ; nuag. S.-O.
	3 h. s.	82	751	temps épais , nuageux.
	6.....	80	735	brises modérées ; temps gris ; nuageux ; O.
17.........	6 h. s.	74	27,765	Aouchin , ville du Zegzeg ; temps gris nuageux; brise fraîche de l'O.-S.-O.
	10 h. m.	75	438	Baebaegie , province de Kano ; calme et nuageux ; un peu de pluie.
20.........	midi...	78	354	brises fraîches ; temps nuageux , S.-O.
	3 h. s.	80	289	petits vents ; temps nuageux.
	6.....	80	260	calme ; nuageux.
9 août.....	3 h. s.	85 1/2	28,252	Kano ; brises fraîches; temps nuageux; menace de (pluie.)
	6.....	81	237	brises modérées ; temps nuageux ; S.-E.
	6 h. m.	76	269	petites brises et pluie.
	9.....	78 1/2	269	beau temps ; pluie à 10 heures.
10.........	midi...	79	251	brises fraîches du S.-E. ; pluie ; beau temps à 1 h.
	3 h. s.	79	199	vent frais ; temps nuageux ; O.-S.-O.
	6.....	78	191	modéré et nuageux.
	6 h. m.	76.	192	modéré et nuag. ; vent du S. ; il a plu toute la nuit.
	9.....	79 1/2	234	brises fraîches ; nuageux ; S.-O. (pluie.)
11.........	midi...	81	212	vent frais ; nuages volants, quelques gouttes de
	3 h. s.	84	202	vent frais; nuageux; pluie, nuages; d'orage épais.
	6	80	227	brises modérées ; ... ges légers.
	6 h. m.	76	320	petits vents ; nuages légers; nuag. dans la nuit.
	9.....	79	371	brises fraîches ; nuageux ; O.-S.-O.
12.........	midi...	83	346	brises fraîches ; nuageux ; tonnerre et pluie S.-O.
	3 h. s.	82 1/2	305	brises fraîches ; nuageux ; brume légère.
	6.....	81	280	petits vents ; nuages légers.
	6 h. m.	78 1/2	344	petites brises ; nuageux , S.-S.O.
	9.....	81	375	modéré et nuageux; pluie légère par intervalles ; à 11 h. forte pluie.
13.........	midi...	76	318	forte pluie ; tonnerre et éclairs.
	3 h. s.	77	273	petits vents ; forte pluie ; S.
	6.....	79	240	brises modérées ; nuageux.
	6 h. m.	75	291	modéré et clair; légers nuages volants ; nuageux et quelques gouttes de pluie dans la nuit.
14.........	9	79	368	brises fraîches ; nuageux ; menaces de pluie.
	midi...	82 1/2	311	brises modérées ; nuages ; le soleil se montre.
	3 h. s.	86 1/2	220	modéré et beau ; S.-O.
	6...".	84	270	variable ; nuages sombres ; tonnerre et éclairs.
	9 h. m.	78	364	brises fraîches ; nuageux ; S.-O.
15.........	midi...	83	344	brises modérées ; nuages légers et blancs; O.-S.-O.
	3 h. s.	85	270	dito.
	6	86	246	petit vent ; beau temps.
	6 h. m.	73	325	temps gris et nuageux ; S. 1/4 S.-O. , tonnerre , éclairs , pluie ; dans la nuit un tornado.
16.........	9.....	79	337	modéré et nuageux ; brume légère ; S.-O.
	midi...	83 1/2	329	brises fraîches ; nuageux dans le S.-O.
	3 h. s.	85	269	modéré ; brume légère.
	6.....	83 1/2	329	brises modérées ; légers nuages volants.

HAUTEUR du Thermomètre observée à Kano par RICHARD LANDER.

	6 HEURES du matin.	MIDI.	3 HEURES du soir.
1826			
Août. 25 6 h. m. temps gris ; à midi, clair ; 3 h. s. clair...	76	84	85
26 6 h. m. orage et tonnerre, grande pluie ; à midi, temps gris ; 3 h. s. clair.............................	75	79	79
27 6 h. m. clair, petit vent ; à midi, clair ; 3 h. s. clair.	76	81	84
28 6 h. m. clair ; à midi, calme nuageux ; 3 h s. petit vent.	77	81	85
29 6 h.m. grande pluie ; à midi, clair et calme ; 3 h.s., clair et calme.............................	73	82	83
30 6 h. m. clair ; à midi, orage, tonnerre, gr. pluie.	72	79	79
31 6 h. m. clair froid ; à midi, clair froid..........	73	80	84
Septemb. 1 6 h. m. temps gris ; à midi, temps gris ; 3 h. s. clair.	77	81	80
8 6 h. m. temps gris ; à midi, clair ; 3 h. s. clair..	76	83	82
10 dito à midi, temps gris ; 3 h. s. grande pluie.	77	80	79
11 clair et calme.............................	77	85	86
12 dito...................................	80	85	86
13 clair et petit vent...........................	79	84	83
14 dito...................................	77	86	85
15 dito...................................	80	85	86
16 dito...................................	75	85	86
17 dito...................................	77	85	84
18 clair jusqu'à midi ; à 3 h. s. orage, tonnerre et pluie.	79	86	83
19 clair et calme.............................	78	84	88
20 clair et calme jusqu'à 3 h. s. ; petit vent........	78	84	87
21 clair et calme.............................	77	84	88
22 dito jusqu'à midi ; petit vent...........	76	85	88
23 clair ; petit vent...........................	79	90	90
24 clair et calme ; à midi, petit vent...............	80	89	89
25 clair et calme.............................	79	86	88
26 clair ; à midi, petites brises...................	79	86	89
27 clair ; petit vent...........................	79	86	89
28 clair ; à midi, petite pluie....................	80	86	90
29 clair ; à 3 h. s., grande pluie..................	79	86	89
30 temps gris et brumeux ; à 3 h. s., grande pluie, grand vent.............................	79	85	87
Octobre, 1 forte pluie ; orage ; tonnerre.................	70	76	79
2 clair et froid ; petites brises..................	70	80	80
3 dito dito...........................	70	83	85
4 clair ; petit vent ; froid.......................	71	84	84
5 clair ; petites brises.........................	70	83	85
6 clair et calme.............................	80	88	88
7 clair ; petit vent............................	80	87	87
8 clair et calme.............................	75	89	89
9 clair ; petites brises.........................	80	87	88
10 dito dito...........................	75	88	88
11 clair et calme...........................	75	87	87
12 clair ; jolies brises..........................	75	88	88
13 clair ; petit vent...........................	76	89	89
14 clair ; petites brises.........................	76	87	87
24 clair et froid.............................	75	86	86
25 clair ; petites brises.........................	75	83	87
26 clair et froid ; petit vent.....................	75	84	83
27 dito dito...........................	75	87	86
28 clair et froid ; petites brises..................	75	85	85
29 clair ; petites brises........................	75	86	85
30 clair ; à midi, petite brise de l'E...............	75	84	85
31 clair ; à midi, petite brise....................	76	85	86
Novemb. 1 clair et calme......................s...	76	84	85
2 clair ; à midi, petit vent.....................	76	88	88
3 clair ; à midi, petites brises..................	76	85	86
4 gris et brumeux............................	76	86	86
5 clair ; à midi, petites brises..................	75	87	86
6 dito dito...........................	75	85	86

	6 HEURES du matin.	MIDI.	3 HEURES du soir.
1826			
Novemb. 7 clair ; à midi, petite brise............	75	85	86
8 à 8 h. clair ; à midi, brumeux ; petite brise.....	75	85	86
9 à 9 h. clair ; à midi, nuageux : dito.....	75	86	87
10 à 8. h. clair ; à midi, petite brise............	75	88	88
11 à 9 h. clair ; dito dito..........	75	85	86
12 à 8 h. clair ; dito dito........	77	86	87
13 à 9 h. clair ; à midi, petit vent............	76	85	86
14 clair à midi, petite bise............	75	85	87
15 dito dito dito.............	75	86	86
16 dito dito dito...........	76	84	85
17 dito dito dito.............	77	85	87
18 dito à midi, petit vent............	76	86	86
19 dito à midi, petite brise	76	85	85
20 dito forte brise de l'E..............	75	85	85
21 dito petite brise..............	75	89	89
1827 SACKATOU.			
Janvier.. 7 clair ; forte brise d'E.-N.-E....	70	90	92
8 6 h. m. petite brise, brumeux ; à midi, vent d'E.-N.-E.	70	90	92
9 6 h. m. froid et clair, vent fort d'E.-N.-E. ; à midi, clair, petit vent..................	65	89	90
10 6 h. m. froid et brumeux ; à midi, forte brise, clair, vent de N.-E. ; 3 h. s., clair................	60	90	90
11 froid et brumeux ; à midi, jolie brise, vent de N.-E., clair, petite brise................	62	89	90
12 6 h. m. froid et brumeux ; à midi, petite brise, vent de N.-E., clair ; 3 h. s., clair...............	64	86	85
13 clair et froid, vent de N.-E. ; à midi, clair et froid ; 3 h. s., clair...............	62	89	89
14 6 h. m. brumeux, calme ; à midi, forte brise de N.-E. ; 3 h. s., clair...............	62	88	88
15 clair, froid, vent de N.-E. ; à midi, forte brise ; à 3 h. s., clair...............	62	86	86
16 clair, froid, vent de N.-E., forte brise ; 3 h. s., clair.	60	80	80
17 brumeux, calme ; à midi, forte brise, clair, vent de N.E.	62	80	80
18 clair, froid, vent de N.-E. ; à midi, clair, forte brise, vent de N.-E.................	62	81	83
19 dito forte brise de N.-E...........	65	84	86
20 clair ; à midi, forte brise, vent d'E. ; 3 h. s., clair.	64	88	89
21 clair, calme ; à midi, petite brise d°. dito...	64	88	89
22 matinée brum., p. vent ; à midi, clair, p. brise......	65	89	90
23 dito à midi dito v. de N.-E	65	90	93
24 dito calme ; à midi dito ; à 3 h., clair.	72	96	98
25 dito dito ; à midi dito ; 3 h. dito.	70	96	98
26 dito dito ; à midi, v. de N.-E. 3 h. dito.	72	94	95
27 dito dito ; à midi dito ; à 3 h. dito.	62	83	90
28 dito dito ; à midi dito ; à 3 h. v. d'E.	65	93	96
29 matin. claire, p. vent ; à midi dito E. ; à 3 h. dito...	75	99	100
30 mat. brum. dito ; à midi dito N.-E. ; dito...	74	98	99
31 matinée claire............ dito S.-E. dito...	75	98	99
Février.. 1 mat. brumeuse, calme dito dito dito...	75	98	100
2 dito dito N.-E. dito...	75	99	100
3 dito dito dito dito...	75	97	99
4 dito dito dito dito...	75	98	99
5 dito dito dito..... ...	75	100	104
20 dito dito dito.......	75	95	100
21 dito dito dito.......	75	100	100
22 dito dito dito.......	75	100	100
23 dito dito dito.......	77	100	100
24 dito dito dito.......	75	95	100
25 dito jolie brise dito.........	75	100	100
26 dito petite brise dito	75	100	100
27 dito dito dito............	65	85	85
28 dito vent fort vent fort dito...........	65	85	85

Pendant un coup de vent à 2 h. s. le thermomètre baissa de 100 1/2 à 98, et à 3 monta à 101.

SUPPLÉMENT. 439

		6 HEURES du matin.	MIDI.	3 HEURES du soir.
1827				
Mars....	1 vent fort dans la journée, brume, vent de N.-E..	85	85	100
	2 dito dito dito dito......	65	85	85
	3 dito dito nuageux dito......	65	85	85
	4 petites brises dito dito............	74	89	90
	5 matinée brumeuse....; à midi, petite brise, N.-E.	72	95	98
	6 matinée brumeuse, calme; à midi, clair, vent d'E.; à 3 h. s., brume, petit vent..................	71	96	96
	7 mat. br., calme; à midi, nuag.-pet.-br. E.; à 3 h. s. nuag.	72	95	96
	8 — dito dito — brum. d°. d°.	70	96	96
	9 — dito dito — vent d'E......	70	95	96
	10 — dito dito —forte brise, clair d°. clair......	70	99	96
	11 — dito dito —pet. brise d°. 3 h. s, cl., v. d'E.	70	98	96
	12 — dito dito —jolie brise d°........	70	95	96
	13 à 6 h., forte brise du S. 1/4 S.-E.; à midi, fortes brises du S. 1/4 S.-E.; à 3 h. s., jolie brise.	70	99	97
	14 à 6 h. br., petit vent; à midi, f. bris. du S. 1/4 S.E, clair.	70	95	96
	15 — dito calme — d°. d°. clair.	70	196	95
	16 — petite brise —petite br., clair dito.	70	00	98
	17 — dito calme — dito E.-N.-E.........clair.	70	98	99
	18 — dito dito — dito E............	70	100	100
	19 — clair dito —calme..........petit vent.	73	101	101
	20 — dito dito.................pet. brise, O.	71	102	102
	21 — dito dito...................dito...	75	102	103
	22 — dito dito — forte brise E............	75	104	105
	23 — dito dito — petite brise....... d°. clair.	74	101	100
	24 —brumeux d°. — dito brume..... p. vent E.	74	100	100
	25 — dito dito — dito dito E.........	74	104	103
	26 —clair, petite brise — dito dito petite brise.	74	101	100
	27 — dito — dito dito dito...	73	104	101
	28 — dito — dito clair, S.-E....clair.	72	100	100
	29 — dito f. br. S.-E. — ... petit vent...p. vent	72	99	100
	30 —brume, petit vent—brume d°. E......... ...dito.	72	101	100
	31 — dito S.-E. — dito d°. S.-E. d°. brum.	57	106	105
Avril...	1 — d°. calme, étouff.— dito étouffant.........	74	101	102
	2 journée brumeuse, petit vent..............	70	101	105
	3 matinée dito calme; à midi, p. brise S.-E., petit vent.	74	103	107
	4 d°. d°. d°. d°. d°. S.-O., br., p. vent.	78	104	104
	5 journée grise et brumeuse; petites brises........	78	110	108
	6 matinée d°. d°............ petite brise d'O.	77	100	100
	7 d°. d°. d°..........petites brises, S.-O.	79	100	100
	8 d°. d°. petits vents dans le jour........	77	102	103
	9 journée claire; petites brises du S.-O..........	77	103	104
	10 d°. d°. d°. d°............	77	104	107
	11 d°. d°. d°. d°............	77	104	103
	12 matinée claire...............petites brises.	77	104	104
	14 d°. d°. calme; à midi, petites brises, S.-O...	77	105	106
	15 d°. d°...................d°. S.O., clair.	80	105	106
	16 d°. brumeux d°. d°. d°. d°...d°.	79	106	106
	17 d°. d°. O. d° p. vent calme, brouillard	80	109	108
	23 d°. claire, jolie brise O.......... d°.	76	105	106
	24 journée nuageuse; jolie brise de l'O...........	77	102	103
	25 dito calme; à midi, forte brise de l'O.; 3 h. s., calme, clair; à 6 h s., orage, tonnerre.	78	102	104
	26 matinée claire, calme; à midi, jolie brise de l'O.. clair; à 3 h. s., calme, brouillard.........	77	103	105
	27 matinée claire, calme; à midi, petite brise de l'O., 3 h. s., clair................................	78	105	106
	28 matinée claire, petit vent; à midi, jolie brise de l'O.; 3 h. s., jolie brise.....................	77	103	105
	29 matinée claire, calme; à midi, petite brise, brume, 3 h. s., coup de vent, tonnerre.......	76	100	90
	30 matinée claire, calme; à midi, petite brise O.; à 3 h. s., petite brise, clair..................	78	100	100
Mai....	1 journée nuageuse, petites brises de l'O..........	77	100	102

FIN DU DEUXIÈME VOLUME.

TABLE

DES CHAPITRES CONTENUS DANS CE VOLUME.

CHAPITRE V. Voyage de Kano au camp de Bello, et de là à Sackatou.................... Page 1
CHAPITRE VI. Séjour de Clapperton à Sackatou, jusqu'à sa mort...................... 49
JOURNAL DE RICHARD LANDER................. 167
—— de Kano à Sackatou................. 169
Séjour à Sackatou. Mort de mon maître; funérailles. 189
—— de Sackatou à Dunrova............... 213
Retour de Dunrova à Zegzeg.................. 243
—— de Zegzeg à Badagry................. 258

SUPPLÉMENT.

Liste de papiers arabes du capitaine Clapperton, traduits de l'arabe en anglais par M. A. V. Salamé.. 297
I. Description géographique du cours du Kouarra, de la route de Sackatou à Maséna, de Timboctou à Sackatou, des contrées voisines, etc......... 298
II. Récit de l'expédition de quarante chrétiens qui descendirent le Kouarra................... 309
III. Notice géographique des pays, rivières, lacs, etc., depuis le Bornou jusqu'en Égypte. 312
IV. Notice traditionnelle de diverses nations de l'Afrique. 318
Vocabulaire de la langue Yourribani........... 329
Vocabulaire Fellatah........................ 334
Tableau météorologique..................... 337

www.ingramcontent.com/pod-product-compliance
Lightning Source LLC
Chambersburg PA
CBHW060336170426
43202CB00014B/2792